TRANSLATE

Translated Language Learning

The Diaries of Adam and Eve

Pamiętniki Adama i Ewy

Mark Twain

English / Polsku

Copyright © 2023 Tranzlaty
All rights reserved.
Published by Tranzlaty
ISBN: 978-1-83566-188-8
Original texts by Mark Twain:
Extracts from Adam's Diary: Translated from the Original MS
First published in The Niagara Book 1893
Eve's Diary
First published in Harper's Bazaar 1905
Illustrated by Lester Ralph
www.tranzlaty.com

- Extracts from Adam's Diary -
- Fragmenty Pamiętnika Adama -

I had translated a portion of this diary some years ago
Przetłumaczyłem fragment tego pamiętnika kilka lat temu
a friend of mine printed a few copies of the text
Mój przyjaciel wydrukował kilka egzemplarzy tekstu
the text was in an incomplete form
tekst był w formie niepełnej
but the public never got to see those texts
Ale opinia publiczna nigdy nie miała okazji zobaczyć tych tekstów
Since then I have deciphered some more of Adam's hieroglyphics
Od tamtej pory udało mi się rozszyfrować jeszcze kilka hieroglifów Adama
he has now become sufficiently important as a public character
Stał się teraz wystarczająco ważny jako postać publiczna
and I think this publication can now be justified
i myślę, że ta publikacja może być teraz uzasadniona
Mark Twain

***

MONDAY - PONIEDZIAŁEK

This new creature with the long hair is constantly in the way
To nowe stworzenie z długimi włosami nieustannie staje na drodze
It is always hanging around and following me about
Zawsze kręci się w pobliżu i podąża za mną
I don't like this
Nie podoba mi się to
I am not used to company
Nie jestem przyzwyczajony do towarzystwa
I wish it would stay with the other animals
Chciałbym, żeby został z innymi zwierzętami
Cloudy to-day, wind in the east

Dziś pochmurno, wiatr na wschodzie
I think we shall have rain
Myślę, że będziemy mieli deszcz
Where did I get that word?
Skąd wzięło się to słowo?
I remember now
Pamiętam teraz
the new creature uses that word
Nowe Stworzenie używa tego słowa

TUESDAY - WTOREK
I've been examining the great waterfall
Przyglądałem się wielkiemu wodospadowi
the great waterfall is the finest thing on the estate, I think
Wielki wodospad to chyba najpiękniejsza rzecz na osiedlu
The new creature calls it Niagara Falls
Nowe stworzenie nazywa go Wodospadem Niagara
why does it call it Niagara falls?
dlaczego nazywa to wodospadem Niagara?
I am sure I do not know
Jestem pewien, że nie wiem
it says the waterfall looks like Niagara Falls
mówi, że wodospad wygląda jak wodospad Niagara
That is not a reason
To nie jest powód
it is mere waywardness and imbecility
To zwykła krnąbrność i głupota
I get no chance to name anything myself
Sam nie mam szansy niczego nazwać
The new creature names everything that comes along
Nowe Stworzenie nazywa wszystko, co się pojawia
I don't even get time to protest
Nie mam nawet czasu protestować
the same pretext is always offered
Zawsze podaje się ten sam pretekst
"it looks like the thing"

"Wygląda na to, że to coś"
There is the dodo, for instance
Jest na przykład dodo
it says the moment one looks at it one sees the animal "looks like a dodo"
Mówi, że w momencie, gdy się na nie spojrzy, zobaczy się, że zwierzę "wygląda jak dodo"
It will have to keep that name, no doubt
Bez wątpienia będzie musiał zachować tę nazwę
It wearies me to fret about it
Męczy mnie martwienie się o to
and it does no good to worry about it, anyway
A i tak nie ma sensu się tym przejmować
Dodo! It looks no more like a dodo than I do
Dodo! Nie wygląda bardziej jak dodo niż ja

WEDNESDAY - ŚRODA
I built myself a shelter against the rain
Zbudowałem sobie schronienie przed deszczem
but I could not have it to myself in peace
ale nie mogłem mieć go dla siebie w spokoju
The new creature intruded
Nowe stworzenie wtargnęło
I tried to put it out
Próbowałem to zgasić
but it shed water out of the holes it looks with
ale wylewa wodę z, z którymi patrzy
it wiped the water away with the back of its paws
Wytarł wodę grzbietem łap
and it made a noise like the animals do when they are in distress
I wydawał hałas taki, jaki robią zwierzęta, gdy są w niebezpieczeństwie
I wish it would not talk
Chciałbym, żeby się nie odzywał
it is always talking

To zawsze mówi
That sounds like a cheap fling at the poor creature
To brzmi jak tania wybryka na biedne stworzenie
but I do not mean it to sound like a slur
ale nie chcę, żeby to zabrzmiało jak obelga
I have never heard the human voice before
Nigdy wcześniej nie słyszałem ludzkiego głosu
for me it is a new and strange sound
Dla mnie jest to nowy i dziwny dźwięk
and this sound intrudes itself upon the solemn hush of these dreaming solitudes
I ten dźwięk wdziera się w uroczystą ciszę tych sennych samotności
it offends my ear and seems a false note
To obraża moje ucho i wydaje się fałszywą nutą
And this new sound is so close to me
A to nowe brzmienie jest mi tak bliskie
it is right at my shoulder, right at my ear
Jest tuż przy moim ramieniu, tuż przy moim uchu
first on one side and then on the other
najpierw z jednej, a potem z drugiej strony
I am used only to sounds that are at a distance from me
Jestem przyzwyczajony tylko do dźwięków, które są daleko ode mnie

FRIDAY - PIĄTEK
The naming goes recklessly on, in spite of anything I can do
Nazewnictwo idzie lekkomyślnie, pomimo wszystkiego, co mogę zrobić
I had a very good name for the estate: Garden of Eden
Miałem bardzo dobrą nazwę dla posiadłości: Ogród Edenu
it was musical and pretty
To było muzykalne i ładne
Privately, I continue to call it that
Prywatnie nadal tak to nazywam
but I don't call it that in public anymore

ale nie nazywam tego już tak publicznie
The new creature says it is all woods and rocks and scenery
Nowe stworzenie mówi, że wszystko to lasy, skały i krajobrazy
therefore it has no resemblance to a garden, it says
dlatego nie ma nic wspólnego z ogrodem, mówi
it says it looks like a park
Mówi, że wygląda jak park
it says it does not look like anything but a park
Mówi, że nie wygląda jak nic innego jak park
without consulting me, it decided to rename the garden
Bez konsultacji ze mną postanowiła zmienić nazwę ogrodu
now it's called Niagara falls park
teraz nazywa się Niagara Falls Park
it is becoming too much for me
To staje się dla mnie zbyt wiele
And there is already a sign up
I jest już zapis
"Keep off the grass"
"Trzymaj się z dala od trawy"
My life is not as happy as it was
Moje życie nie jest już tak szczęśliwe jak było

SATURDAY - SOBOTA
The new creature eats too much fruit
Nowe stworzenie zjada za dużo owoców
We may well run short of fruit quite soon
Niedługo może nam zabraknąć owoców
"we", again. That is one of its words
"my", znowu. To jedno z jej słów
I've heard the word so many times
Słyszałem to słowo tyle razy
and now it's one of my words too
A teraz to też jedno z moich słów

There is a good deal of fog this morning
Tego ranka jest sporo mgły
I do not go out in the fog
Nie wychodzę we mgle
The new creature always goes out in the fog
Nowe stworzenie zawsze wychodzi we mgle
It goes out in all weathers
Gaśnie przy każdej pogodzie
it stumps around outside with its muddy feet and talks
Stąpa po dworze zabłoconymi stopami i mówi
It used to be so pleasant and quiet here
Kiedyś było tu tak przyjemnie i cicho

SUNDAY - NIEDZIELA
This day is getting to be more and more trying
Ten dzień staje się coraz trudniejszy
last November we made this day a day of rest
W listopadzie ubiegłego roku uczyniliśmy ten dzień dniem odpoczynku
I already had six days of rest per week
Miałem już sześć dni odpoczynku w tygodniu
This morning I found the new creature at the forbidden tree
Dziś rano znalazłem nowe stworzenie przy zakazanym drzewie
it was trying to clod apples out of that forbidden tree
Próbował wyrwać jabłka z tego zakazanego drzewa

MONDAY - PONIEDZIAŁEK
The new creature says its name is Eve
Nowe stworzenie mówi, że ma na imię Ewa
That is all right
To jest w porządku
I have no objections to it being called Eve
Nie mam nic przeciwko temu, żeby nazywać ją Ewą
it says I should call Eve when I want it to come
mówi, że powinienem zadzwonić do Ewy, kiedy chcę, żeby to

przyszło
I said that would be superfluous
Powiedziałem, że byłoby to zbyteczne
The word evidently raised me in its respect
Słowo to widocznie wzbudziło we mnie szacunek
it is indeed a large and good word
To rzeczywiście duże i dobre słowo
this word will be worth repeating
To słowo będzie warte powtórzenia
It says it is not an "it"
Mówi, że to nie jest "to"
it says it is a "She"
mówi, że to "Ona"
This is probably doubtful
Jest to prawdopodobnie wątpliwe
but it is all the same to me
ale dla mnie to wszystko jedno.
whatever she is wouldn't matter if she didn't talk so much
Czymkolwiek jest, nie miałoby to znaczenia, gdyby nie mówiła tak dużo

TUESDAY - WTOREK
She has littered the whole estate with execrable names and offensive signs:
Zaśmieciła całą posiadłość obrzydliwymi imionami i obraźliwymi napisami:
"this way to the whirlpool"
"Tędy do wiruzów"
"this way to goat island"
"Tędy na Kozią Wyspę"
"cave of the winds this way"
"Jaskinia wiatrów tędy"
She says this park would make a tidy summer resort
Mówi, że ten park byłby schludnym letnim kurortem
but summer resorts are not at all customary
Ale letnisko wcale nie jest zwyczajowe

"Summer resort" - another invention of hers
"Letnisko" - kolejny jej wynalazek
just words without any meaning
Tylko słowa bez żadnego znaczenia
What is a summer resort?
Co to jest letnisko?
But it is best not to ask her
Ale najlepiej jej nie pytać
she has so much energy for explaining
Ma tyle energii na wyjaśnianie

FRIDAY - PIĄTEK
She has taken to beseeching me to stop going over the Falls
Zaczęła mnie błagać, żebym przestał przechodzić przez wodospad
What harm does it do?
Jaką szkodę to wyrządza?
Says it makes her shudder
Mówi, że to sprawia, że drży
I wonder why it makes her shudder
Zastanawiam się, dlaczego to sprawia, że przechodzi ją dreszcz
I have always jumped down from the waterfalls
Zawsze skakałem z wodospadów
I liked the plunge and the excitement
Podobało mi się zanurzenie i ekscytacja
and I liked the coolness of the water
i podobał mi się chłód wody
I supposed it was what the Falls were for
Przypuszczałem, że po to są wodospady
They have no other use that I can see
Nie mają innego zastosowania, które widzę
and they must have been made for something
i musiały być do czegoś stworzone
She says they were only made for scenery
Mówi, że zostały stworzone tylko dla scenerii

- 8 -

like the rhinoceros and the mastodon
jak nosorożec i mastodont
I went over the Falls in a barrel
Przeszedłem nad wodospadem w beczce
but that was not satisfactory to her
Ale to jej nie satysfakcjonowało
I Went over the falls in a tub
Przeszedłem przez wodospad w wannie
it was still not satisfactory
Nadal nie było to zadowalające
I swam the Whirlpool and the Rapids in a fig-leaf suit
Przepłynąłem Whirlpool i Rapids w kombinezonie z liścia figowego
my suit got very damaged
Mój kombinezon bardzo się zniszczył
so I had to listen to tedious complaints about my extravagance
więc musiałem wysłuchiwać nużących narzekań na moją ekstrawagancję
I am too hampered here
Za bardzo mi tu przeszkadza
What I need is change of scenery
To, czego potrzebuję, to zmiana scenerii

SATURDAY - SOBOTA
I escaped last Tuesday night and travelled two days
Uciekłem w zeszły wtorek wieczorem i podróżowałem dwa dni
I built another shelter in a secluded place
Kolejny schron zbudowałem w ustronnym miejscu
and I obliterated my tracks as well as I could
i zacierałem ślady jak tylko mogłem
but she hunted me out with the aid of one of her beasts
Ona jednak dopadła mnie z pomocą jednego ze swoich zwierząt
a beast which she has tamed and calls a wolf

bestię, którą oswoiła i nazywa wilkiem
she came making that pitiful noise again
Znowu przyszła, wydając ten żałosny hałas
and she was shedding that water out of the places she looks with
i wylewała tę wodę z miejsc, w które patrzyła
I was obliged to return with her
Musiałem z nią wrócić
but I will emigrate again, when an occasion presents itself
ale wyemigruję znowu, gdy nadarzy się okazja

She engages herself in many foolish things
Angażuje się w wiele głupich rzeczy
she's trying to understand why the lions and tigers eat grass and flowers
Próbuje zrozumieć, dlaczego lwy i tygrysy jedzą trawę i kwiaty
she says their teeth would indicate that they were intended to eat each other
Mówi, że ich zęby wskazywałyby, że mieli się nawzajem zjadać
This is a foolish idea
To głupi pomysł
to do that they would have to kill each other
Aby to zrobić, musieliby się nawzajem pozabijać
as I understand it that would introduce what is called "death"
jak rozumiem, wprowadziłoby to to, co nazywa się "śmiercią"
and I have been told that death has not yet entered the Park
i powiedziano mi, że śmierć jeszcze nie weszła do Parku
on some accounts that is a pity
Z niektórych powodów to wielka szkoda

SUNDAY - rested
NIEDZIELA - wypoczęty

MONDAY - PONIEDZIAŁEK
I believe I see what the week is for
Wydaje mi się, że rozumiem, po co jest ten tydzień
it is to give time to rest up from the weariness of Sunday
ma to dać czas na odpoczynek od znużenia niedzielą
It seems a good idea
Wydaje się, że to dobry pomysł

She has been climbing that tree again
Znowu wspina się na to drzewo
I clodded her out of it
Wyrzuciłem ją z tego
She said nobody was looking
Powiedziała, że nikt nie patrzy
she seems to consider that a sufficient justification
Wydaje się, że uważa ona, iż wystarczające uzasadnienie
but it is no justification for chancing a dangerous thing
Nie jest to jednak usprawiedliwienie dla tego, by coś niebezpiecznego
I told her it was no justification for what she did
Powiedziałem jej, że to nie usprawiedliwia tego, co zrobiła
The word "justification" moved her admiration
Słowo "usprawiedliwienie" wzbudziło jej podziw
she seemed to envy me a little, I thought
Wydawało mi się, że trochę mi zazdrości, pomyślałem
It is a good word
To dobre słowo
I shall use the word more often
Będę używał tego słowa częściej

THURSDAY - CZWARTEK
She told me she was made out of one of my ribs
Powiedziała mi, że zrobiono ją z jednego z moich żeber
I somewhat doubt what she says
Trochę wątpię w to, co mówi
I don't seem to be missing a rib

Wydaje mi się, że nie brakuje mi żebra
and I can't imagine how she would have been made from my rib
i nie mogę sobie wyobrazić, jak byłaby zrobiona z mojego żebra
She is making a great fuss about the buzzard
Robi wielkie zamieszanie z powodu myszołowa
she says his stomach does not agree with the grass
Mówi, że jego żołądek nie zgadza się z trawą
she is afraid she can't raise the buzzard
Boi się, że nie może wychować myszołowa
she thinks it was intended to live on decayed flesh
Uważa, że miał żyć na zepsutym ciele
The buzzard must get along the best it can with what is provided
Myszołów musi jak najlepiej radzić sobie z tym, co jest dostarczane
We cannot overturn the whole scheme to accommodate the buzzard
Nie możemy obalić całego planu, aby pomieścić myszołowa

SATURDAY - SOBOTA
She fell in the pond while she was looking at herself in it
Wpadła do stawu, gdy patrzyła na siebie w nim
she is always looking at herself
zawsze patrzy na siebie
She was nearly strangled by the water
Omal nie została uduszona przez wodę
and she said it was most uncomfortable
A ona powiedziała, że to było bardzo niewygodne
This made her sorry for the creatures which live in the water
To sprawiło, że zrobiło jej się żal stworzeń żyjących w wodzie
the creatures which she calls fish
stworzenia, które nazywa rybami
she continues to fasten names on to things that don't need them

Nadal przyczepia imiona do rzeczy, które ich nie potrzebują
the don't come when they are called by those names
Nie przychodzą, gdy są nazywani tymi imionami
but this is a matter of no consequence to her
Nie ma to jednak dla niej żadnego znaczenia
she is such a numbskull
Ona jest taka odrętwiała czaszka
she took a lot of the fish out of the water last night
Wczoraj wieczorem wyjęła z wody wiele ryb
and then she brought them into the house
A potem przyniosła je do domu
she put them in my bed so they would be warm
Położyła je w moim łóżku, żeby było im ciepło
but they don't seem any happier than where they were before
ale nie wydają się szczęśliwsi niż tam, gdzie byli wcześniej
all I can see is that they are quieter
Widzę tylko, że są cichsze
When night comes I shall throw them out again
Gdy nadejdzie noc, wyrzucę ich z powrotem
I will not sleep with these fish in my bed again
Nie będę już spał z tymi rybami w moim łóżku
I find lying unclothed among them clammy and unpleasant
Leżenie wśród nich bez ubrania jest dla mnie lepkie i nieprzyjemne

SUNDAY - rested
NIEDZIELA - wypoczęty

TUESDAY - WTOREK
She has made friends with a snake
Zaprzyjaźniła się z wężem
The other animals are glad that she is friends with the snake
Inne zwierzęta cieszą się, że przyjaźni się z wężem
because she was always experimenting with the other animals

ponieważ zawsze eksperymentowała z innymi zwierzętami
and she was always bothering the other animals
i zawsze przeszkadzała innym zwierzętom
and I am also glad she is friends with the snake
i cieszę się też, że przyjaźni się z wężem
because the snake talks
bo wąż mówi
now she spends more time talking with the snake instead of me
Teraz spędza więcej czasu na rozmowie z wężem zamiast ze mną
and this enables me to get a rest
A to pozwala mi odpocząć

FRIDAY - PIĄTEK
She says the snake advises her to try the fruit of the forbidden tree
Mówi, że wąż radzi jej, aby spróbowała owocu z zakazanego drzewa
and she says the result will be a great and fine and noble education
Mówi, że rezultatem będzie wspaniałe, piękne i szlachetne wykształcenie
I told her there would be another result, too
Powiedziałem jej, że będzie też inny rezultat
eating from the tree would introduce death into the world
Zjedzenie z drzewa wprowadziłoby śmierć na świat
telling her the fruit would bring death into the world was a mistake
Mówienie jej, że owoc przyniesie śmierć na świecie, było błędem
it would have been better to keep the remark to myself
Lepiej byłoby zachować tę uwagę dla siebie
telling her about death gave her another idea
Opowiedzenie jej o śmierci podsunęło jej inny pomysł
she could save the sick buzzard

Mogła uratować chorego myszołowa
and she could furnish fresh meat to the despondent lions and tigers
Mogła też dostarczać świeżego mięsa przygnębionym lwom i tygrysom
I advised her to keep away from the tree
Poradziłem jej, żeby trzymała się z dala od drzewa
She said she wouldn't keep away from the tree
Powiedziała, że nie będzie trzymać się z dala od drzewa
I foresee trouble and I will emigrate
Przewiduję kłopoty i wyemigruję

WEDNESDAY - ŚRODA
I have had an eventful time since I escaped
Odkąd uciekłem, przeżyłem pełen wrażeń czas
I escaped on the night she ate from the tree
Uciekłem tej nocy, kiedy zjadła z drzewa
and I rode a horse all night as fast as he could go
i całą noc jeździłem konno tak szybko, jak tylko mógł
I hoped to get out of the park and hide in some other country
Miałem nadzieję, że wydostanę się z parku i ukryję w jakimś innym kraju
I hoped I would get away before the trouble began
Miałem nadzieję, że uda mi się uciec, zanim zaczną się kłopoty
but my plans were not to be
Ale moje plany nie miały się ziścić
About an hour after sunup I was riding through a flowery plain
Mniej więcej godzinę po wschodzie słońca jechałem przez kwiecistą równinę
thousands of animals were grazing and slumbering
Tysiące zwierząt pasło się i spało
and the young animals were playing with each other
a młode zwierzęta bawiły się ze sobą

all of a sudden they broke into a tempest of frightful noises
Nagle rozpętała się burza przeraźliwych dźwięków
and in one moment the plain was in a frantic commotion
W jednej chwili równina ogarnęło gorączkowe zamieszanie
every beast was destroying its neighbour
Każda bestia niszczyła swego bliźniego
I knew what it meant; Eve had eaten that fruit
Wiedziałem, co to znaczy; Ewa zjadła ten owoc
death had come into the world
Śmierć przyszła na świat
The tigers ate my horse
Tygrysy zjadły mojego konia
they payed no attention when I ordered them to desist
Nie zwrócili uwagi, kiedy kazałem im zaprzestać
they would even have eaten me if I had stayed
zjedliby mnie nawet, gdybym został
I found this place outside the park
Znalazłem to miejsce poza parkiem
I was fairly comfortable for a few days
Przez kilka dni czułem się dość komfortowo
but she has found my hiding place
Ale znalazła moją kryjówkę
and she has named the place Tonawanda
i nazwała to miejsce Tonawanda
she says it looks like Tonawanda
mówi, że wygląda jak Tonawanda

In fact, I was not sorry she came
Prawdę mówiąc, nie było mi przykro, że przyszła
there are but meagre pickings here
Są tu tylko skromne zbiory
and she brought some of those apples
Przyniosła trochę tych jabłek
I was so hungry that I to eat them
Byłem tak głodny, że chciałem je zjeść
eating those apples was against my principles

- 16 -

Jedzenie tych jabłek było niezgodne z moimi zasadami
but I find that principles have no real force except when one is well fed
Uważam jednak, że zasady nie mają żadnej rzeczywistej mocy, chyba że ktoś jest dobrze odżywiony
She came curtained in boughs and bunches of leaves
Przyszła otulona konarami i kiści liści
I asked her what she meant by such nonsense
Zapytałem ją, co ma na myśli, mówiąc o takich bzdurach
I snatched the leaves from her
Wyrwałem jej liście
and threw her coverings onto the ground
i rzuciła swoje okrycia na ziemię
she tittered and blushed when I did this
zadrżała i zarumieniła się, kiedy to zrobiłem
I had never seen a person titter and blush before
Nigdy wcześniej nie widziałem, żeby ktoś się trząsł i rumienił
her manner seemed to be unbecoming and idiotic
Jej zachowanie wydawało się niestosowne i idiotyczne
but she said I would soon know how it felt
ale powiedziała, że wkrótce dowiem się, jak to jest
in this she was correct
W tym miała rację
I have come to understand the feeling of shame
Zrozumiałem uczucie wstydu

Hungry as I was, I laid down the apple half eaten
Głodny, odłożyłem jabłko na wpół zjedzone
it was certainly the best apple I ever saw
było to z pewnością najlepsze jabłko, jakie kiedykolwiek widziałem
it was as especially good apple, considering the lateness of the season
Było to szczególnie dobre jabłko, biorąc pod uwagę późną porę roku
and I covered myself in the discarded boughs and branches

i okryłem się porzuconymi konarami i gałęziami
then I spoke to her with some severity
Potem odezwałem się do niej z pewną surowością
I ordered her to go and get some more apples
Kazałem jej iść po więcej jabłek
and I told her not make such a spectacle of herself
Powiedziałem jej, żeby nie robiła z siebie takiego widowiska
She did as I told her
Zrobiła, co jej powiedziałem
then we crept down to where the wild beasts bad battled
Potem podkradliśmy się do miejsca, gdzie walczyły dzikie bestie
and we collected some of their furs
i zebraliśmy trochę ich futer
I made her patch together a couple of suits proper for public occasions
Kazałem jej skleić kilka garniturów odpowiednich na publiczne okazje
They are uncomfortable, it is true
Są niewygodne, to prawda
but this clothing we now wear is stylish
Ale to ubranie, które teraz nosimy, jest stylowe
and that is the main point about clothes
I to jest główny punkt dotyczący ubrań

I find she is a good companion to have
Uważam, że jest dobrą towarzyszką
I would be lonesome and depressed without her
Bez niej byłbym samotny i przygnębiony
if I didn't have her I wouldn't have anyone
gdybym jej nie miał, nie miałbym nikogo
but she says it is ordered that we work for our living from now on
Ale ona mówi, że nakazano nam, żebyśmy od teraz pracowali na swoje utrzymanie
She will be useful in dividing up the work

Przyda się w podziale pracy
I will superintend over the work we do
Będę nadzorował pracę, którą wykonujemy

Ten Days Later
Dziesięć dni później

She accuses me of being the cause of our disaster!
Oskarża mnie o to, że jestem przyczyną naszej katastrofy!
She says the Serpent assured her that the forbidden fruit was not apples
Mówi, że Wąż zapewnił ją, że zakazanym owocem nie są jabłka
and she says this with apparent sincerity and truth
I mówi to z widoczną szczerością i prawdą
she says they weren't apples, but instead that they were chestnuts
Mówi, że to nie były jabłka, ale kasztany
I said I was innocent since I had not eaten any chestnuts
Powiedziałem, że jestem niewinny, ponieważ nie jadłem żadnych kasztanów
but the Serpent informed her that "chestnut" could also have a figurative meaning
ale Wąż poinformował ją, że "kasztan" może mieć również znaczenie przenośne
she says a chestnut can be an aged and mouldy joke
Mówi, że kasztan może być starym i spleśniałym żartem
I turned pale at this definition
Zbladłem na tę definicję
because I have made many jokes to pass the weary time
bo zrobiłem wiele żartów, aby zabić znużony czas
and some of them my jokes could have been of the chestnut variety
A niektóre z nich moje żarty mogły być z gatunku kasztanów
but I had honestly supposed that they were new jokes when I made them

ale szczerze przypuszczałem, że były to nowe dowcipy, kiedy je robiłem
She asked me if I had made any jokes just at the time of the catastrophe
Zapytała mnie, czy żartowałem tylko w momencie katastrofy
I was obliged to admit that I had made a joke to myself
Musiałem przyznać, że zażartowałem sam sobie
although I did not make the joke aloud
chociaż nie żartowałem głośno
this was the joke I was thinking to myself:
To był żart, który sobie pomyślałem:
I was thinking about the waterfalls
Myślałem o wodospadach
"How wonderful it is to see that vast body of water tumble down there!"
"Jak cudownie jest patrzeć, jak ten ogromny zbiornik wodny spada w dół!"
Then in an instant a bright thought flashed into my head
Nagle w mojej głowie błysnęła jasna myśl
"It would be a great deal more wonderful to see the water tumble up the waterfall!"
"Byłoby o wiele wspanialej zobaczyć, jak woda spływa w górę wodospadu!"
I was just about to die from laughing when all nature broke loose
Już miałem umrzeć ze śmiechu, gdy rozpętała się cała przyroda
and I had to flee for my life
i musiałem uciekać, by ratować swoje życie
"now you see" she said triumphantly
– Teraz widzisz – powiedziała triumfalnie
"the Serpent mentioned that very jest"
"Wąż wspomniał o tym właśnie żarcie"
"he called it the First Chestnut"
"nazwał go Pierwszym Kasztanem"
"and he said it was coeval with the creation"

"A on powiedział, że jest to równoczesne ze stworzeniem"
Alas, I am indeed to blame
Niestety, to ja jestem temu winien
I wish that I were not so witty
Żałuję, że nie jestem taki dowcipny
I wish that I had never had that radiant thought!
Żałuję, że nigdy nie miałam tej promiennej myśli!

Next Year
W przyszłym roku

We have named it Cain
Nazwaliśmy go Kain
She caught it while I was up country trapping on the North Shore of the Erie
Złapała go, gdy byłem na północnym brzegu rzeki Erie
she caught it in the timber a couple of miles from our dug-out
Złapała go w lesie kilka mil od naszej ziemianki
or it might have been four miles
A może to być cztery mile
she isn't certain how far it was
Nie jest pewna, jak daleko to było
It resembles us in some ways
Pod pewnymi względami przypomina nas
it may even be a relation to us
Może to być nawet relacja z nami
That is what she thinks
Tak właśnie myśli
but this is an error, in my judgement
Ale to jest błąd, moim zdaniem
The difference in size suggests it is a new kind of animal
Różnica w wielkości sugeruje, że jest to nowy rodzaj zwierzęcia
it is perhaps a fish
Być może jest to ryba

though when I put it in the water it sank
chociaż kiedy włożyłem go do wody, zatonął
and she plunged in and snatched it out of the water
Zanurzyła się i wyrwała go z wody
so there was no opportunity for the experiment to determine the matter
Nie było więc szansy, aby eksperyment rozstrzygnął tę kwestię
I still think it is a fish
Nadal uważam, że to ryba
but she is indifferent about what it is
ale jest jej obojętne, co to jest
and she will not let me have it to try
i nie pozwoli mi tego spróbować
I do not understand this
Nie rozumiem tego
The coming of the creature seems to have changed her whole nature
Wydaje się, że pojawienie się stworzenia zmieniło całą jej naturę
it has made her unreasonable about experiments
To sprawiło, że nie podchodzi do eksperymentów
She thinks more of it than she does of any of the other animals
Myśli o nim więcej niż o jakimkolwiek innym zwierzęciu
but she is not able to explain why she likes it so much
ale nie jest w stanie wyjaśnić, dlaczego tak bardzo jej się to podoba
Her mind is disordered
Jej umysł jest nieuporządkowany
everything shows how disordered her mind is
Wszystko pokazuje, jak nieuporządkowany jest jej umysł
Sometimes she carries the fish in her arms half the night
Czasami niesie rybę na rękach przez pół nocy
she looks after the fish when it complains
opiekuje się rybą, gdy się skarży

I think it complains because it wants to get to the water
Myślę, że narzeka, bo chce dostać się do wody
At such times the water comes out of the places that she looks out of
W takich chwilach woda wypływa z miejsc, z których patrzy
and she pats the fish on the back and makes soft sounds with her mouth
i klepie rybę po grzbiecie i wydaje ciche dźwięki ustami
she betrays sorrow and solicitude in a hundred ways
Zdradza smutek i troskę na sto sposobów
I have never seen her do like this with any other fish
Nigdy nie widziałem, żeby robiła to z żadną inną rybą
and her actions towards the fish trouble me greatly
a jej zachowanie wobec ryb bardzo mnie niepokoi
She used to carry the young tigers around like she does with the fish
Nosiła młode tygrysy, tak jak robi to z rybami
and she used play with the tigers before we lost our property
I bawiła się z tygrysami, zanim straciliśmy naszą własność
but with the tigers she was only playing with them
Ale z tygrysami tylko się z nimi bawiła
she never worried about them when their dinner disagreed with them
Nigdy się o nich nie martwiła, gdy ich obiad się z nimi nie zgadzał

SUNDAY - NIEDZIELA
She doesn't work Sundays
Nie pracuje w niedziele
but she lies around all tired out
ale ona leży cała zmęczona
and she likes to have the fish wallow over her
i lubi, gdy ryby tarzają się nad nią
she makes foolish noises to amuse the fish
Wydaje głupie dźwięki, aby rozbawić rybę
and she pretends to chew its paws

i udaje, że gryzie łapy
the makes the fish laugh
Sprawia, że ryba się śmieje
I have not seen a fish before that could laugh
Nie widziałem wcześniej ryby, która mogłaby się śmiać
This makes me doubt whether it really is a fish
To sprawia, że wątpię, czy to naprawdę ryba
I have come to like Sunday myself
Sam polubiłem niedzielę
Superintending all the week tires a body so
Nadzorowanie przez cały tydzień męczy ciało tak
There ought to be more Sundays
Niedziel powinno być więcej
In the old days Sundays were tough
W dawnych czasach niedziele były ciężkie
but now Sundays are very handy to have
ale teraz niedziele są bardzo przydatne, aby mieć

WEDNESDAY - ŚRODA
It isn't a fish
To nie jest ryba
I cannot quite make out what it is
Nie bardzo rozumiem, co to jest
It makes curious and devilish noises when not satisfied
Wydaje dziwne i diabelskie dźwięki, gdy nie jest zadowolony
and it says "goo-goo" when it is satisfied
i mówi "maź-maź", gdy jest zadowolona
It is not one of us, for it doesn't walk
Nie jest jednym z nas, bo nie chodzi
it is not a bird, for it doesn't fly
To nie jest ptak, bo nie lata
it is not a frog, for it doesn't hop
To nie jest żaba, bo nie skacze
it is not a snake, for it doesn't crawl
Nie jest wężem, bo się nie czołga
I feel sure it is not a fish

Jestem pewien, że to nie ryba
but I cannot get a chance to find out whether it can swim or not
ale nie mogę się przekonać, czy potrafi pływać, czy nie
It merely lies around, mostly on its back, with its feet up
Po prostu leży dookoła, przeważnie na plecach, z nogami do góry
I have not seen any other animal do that before
Nie widziałem wcześniej żadnego innego zwierzęcia, które by to robiło
I said I believed it was an enigma
Powiedziałem, że wierzę, że to zagadka
but she only admired the word without understanding it
ale ona tylko podziwiała to słowo, nie rozumiejąc go
In my judgement it is either an enigma or some kind of a bug
W mojej ocenie jest to albo zagadka, albo jakiś błąd
If it dies, I will take it apart and see what its arrangements are
Jeśli umrze, rozbieram go na części i zobaczę, jakie są jego ustalenia
I never had a thing perplex me so much
Nigdy nic nie wprawiało mnie w zakłopotanie tak bardzo

Three Months Later
Trzy miesiące później

it is only getting more perplexing, instead of less
Staje się to coraz bardziej kłopotliwe, a nie mniej
I sleep but little
Śpię, ale mało
it has ceased from lying around
przestał leżeć
it goes about on its four legs now
teraz porusza się na czterech nogach
Yet it differs from the other four-legged animals

Różni się jednak od innych czworonożnych zwierząt
its front legs are unusually short
Jego przednie nogi są niezwykle krótkie
this causes the main part of its body to stick up uncomfortably high
Powoduje to, że główna część jego ciała sterczy nieprzyjemnie wysoko
and this is not attractive
A to nie jest atrakcyjne
It is built much as we are
Jest zbudowany tak samo jak my
but its method of travelling shows that it is not of our breed
ale jego sposób podróżowania pokazuje, że nie należy do naszej rasy
The short front legs and long hind ones indicate that it is of the kangaroo family
Krótkie przednie nogi i długie tylne wskazują, że należy do rodziny kangurów
but it is a marked variation of the species
ale jest to wyraźna odmiana gatunku
the true kangaroo hops, but this one never does
Prawdziwy kangur skacze, ale ten nigdy tego nie robi
Still, it is a curious and interesting variety
Mimo to jest to ciekawa i interesująca odmiana
and it has not been catalogued before
i nie był wcześniej katalogowany
As I discovered it, I feel justified in securing the credit of the discovery
Odkrywając to, czuję się usprawiedliwiony, aby zapewnić sobie uznanie tego odkrycia
and I shall be the one to attach my name to it
i to ja dołączę do niego moje imię
so I have called it Kangaroorum Adamiensis
więc nazwałem go Kangur Adamiensis

It must have been a young one when it came
To musiał być młody człowiek, kiedy przyszedł
because it has grown exceedingly since it came
ponieważ od czasu jego nadejścia bardzo się rozrósł
It must be five times as big, now, as it was then
Musi być teraz pięć razy większy niż wtedy
when discontented it can make twenty-two to thirty-eight times the noise it made at first
Kiedy jest niezadowolony, może narobić od dwudziestu dwóch do trzydziestu ośmiu razy więcej hałasu, niż na początku
Coercion does not modify this
Przymus tego nie zmienia
if anything, coercion has the contrary effect
Jeśli już, to przymus ma odwrotny skutek
For this reason I discontinued the system
Z tego powodu odstawiłem system
She reconciles it by persuasion
Godzi to perswazją
and she gives it things which she had previously told it she wouldn't give it
A ona daje mu rzeczy, o których wcześniej powiedziała, że mu nie da
As already observed, I was not at home when it first came
Jak już wspomniałem, nie było mnie w domu, kiedy po raz pierwszy się pojawiłem
and she told me she found it in the woods
Powiedziała mi, że znalazła go w lesie
It seems odd that it should be the only one
Wydaje się dziwne, że ma być jedynym
yet it must be the only one
A jednak musi być jedyna
I have worn myself out trying to find another one
Zmęczyłem się, próbując znaleźć inną
if I had another one in my collection I could study it better
gdybym miał inny w swojej kolekcji, mógłbym go lepiej

zbadać
and then this one would have one of its kind to play with
A wtedy ten miałby jedyny w swoim rodzaju do zabawy
surely, then it would be quieter
Na pewno wtedy byłoby ciszej
and then we could tame it more easily
A wtedy moglibyśmy go łatwiej oswoić
But I find none, nor any vestige of any
Nie znajduję jednak żadnego, ani żadnego śladu
and strangest of all, I have found no tracks
a najdziwniejsze jest to, że nie znalazłem żadnych śladów
It has to live on the ground
Musi żyć na ziemi
it cannot help itself
Nie może się powstrzymać
therefore, how does it get about without leaving a track?
Jak to się zatem dzieje, nie zostawiając śladu?
I have set a dozen traps
Zastawiłem tuzin pułapek
but the traps do no good
Ale pułapki na nic się nie zdadzą
I catch all the small animals except that one
Łapię wszystkie małe zwierzęta z wyjątkiem tego jednego
animals that merely go into the trap out of curiosity
zwierzęta, które po prostu wchodzą w pułapkę z ciekawości
I think they go to see what the milk is there for
Myślę, że idą zobaczyć, do czego służy mleko
but they never drink this milk
ale nigdy nie piją tego mleka

Three Months Later
Trzy miesiące później

The kangaroo still continues to grow
Kangur wciąż rośnie
this continual growth is very strange and perplexing
Ten ciągły wzrost jest bardzo dziwny i kłopotliwy
I never knew any animal to spend so much time growing
Nigdy nie znałem zwierzęcia, które spędzałoby tyle czasu na uprawie
It has fur on its head now, but not like kangaroo fur
Ma teraz futro na głowie, ale nie jak futro kangura
it's exactly like our hair, but finer and softer
Są dokładnie takie same jak nasze włosy, ale delikatniejsze i bardziej miękkie
and instead of being black its fur is red
i zamiast być czarnym, jego futro jest czerwone
I am like to lose my mind over this zoological freak
Mam ochotę stracić głowę z powodu tego zoologicznego dziwaka
the capricious and harassing developments are unclassifiable
Kapryśne i nękające wydarzenia są nieklasyfikowalne
If only I could catch another one
Gdybym tylko mógł złapać kolejnego
but it is hopeless trying to find another
ale beznadziejne jest szukanie innego
I have to accept that it is a new variety
Muszę zaakceptować, że jest to nowa odmiana
it is the only sample, this is plain to see
To jedyna próbka, to widać wyraźnie
But I caught a true kangaroo and brought it in
Ale złapałem prawdziwego kangura i przyniosłem go
I thought that this one might be lonesome
Pomyślałam, że ten może być samotny
so it might prefer to have a kangaroo for company

więc może wolałby mieć kangura do towarzystwa
otherwise it would have no kin at all
w przeciwnym razie nie miałby żadnych krewnych
and it would have no animal that it could feel a nearness to
i nie miałby żadnego zwierzęcia, z którym mógłby się zbliżyć
this way it might get sympathy for its forlorn condition among strangers
W ten sposób może zyskać współczucie dla swojego opłakanego stanu wśród obcych
strangers who do not know its ways or habits
obcy, którzy nie znają jego zwyczajów ani zwyczajów
strangers who do not know how to make it feel that it is among friends
obcy, którzy nie wiedzą, jak sprawić, by poczuł, że jest wśród przyjaciół
but it was a mistake
Ale to był błąd
it went into terrible fits at the sight of the kangaroo
Na widok kangura dostał straszliwych napadów
I am convinced it had never seen a kangaroo before
Jestem przekonany, że nigdy wcześniej nie widział kangura
I pity the poor noisy little animal
Żal mi biednego, hałaśliwego zwierzątka
but there is nothing I can do to make it happy
ale nic nie mogę zrobić, aby go uszczęśliwić
I would like to tame it, but that is out of the question
Chciałbym to oswoić, ale to nie wchodzi w rachubę
the more I try, the worse I seem to make it
im bardziej się staram, tym gorzej mi idzie
It grieves me to the heart to see it in its little storms of sorrow and passion
Do głębi serca zasmuca mnie widok go w jego małych burzach smutku i namiętności
I wanted to let it go, but she wouldn't hear of it
Chciałem odpuścić, ale ona nie chciała o tym słyszeć
That seemed cruel and not like her

To wydawało się okrutne i nie do niej podobne
and yet she may be right
A jednak może mieć rację
It might be lonelier than ever
Może być bardziej samotny niż kiedykolwiek
if I cannot find another one, how could it not be lonely?
jeśli nie mogę znaleźć innego, jakże mógłby nie być samotny?

Five Months Later
Pięć miesięcy później

It is not a kangaroo
To nie jest kangur
holding her fingers it goes a few steps on its hind legs
trzymając ją za palce, robi kilka kroków na tylnych łapach
and then it falls down again
a potem znowu spada
so it is probably some kind of a bear
więc to chyba jakiś niedźwiedź
and yet it has no tail, as yet
A jednak nie ma jeszcze ogona
and it has no fur, except on its head
i nie ma futra, z wyjątkiem głowy
It still keeps on growing, which is very interesting
Wciąż rośnie, co jest bardzo interesujące
bears get their growth earlier than this
Niedźwiedzie uzyskują wzrost wcześniej
Bears are dangerous since our catastrophe
Niedźwiedzie są niebezpieczne od czasu naszej katastrofy
soon it will have to have a muzzle on
Wkrótce będzie musiał mieć założony kaganiec
otherwise I won't feel safe around it
w przeciwnym razie nie będę czuł się przy nim bezpiecznie
I have offered to get her a kangaroo if she would let this one go
Zaproponowałem, że kupię jej kangura, jeśli pozwoli mu

odejść
but she did not appreciate my offer
Ale nie spodobała jej się moja propozycja
she is determined to run us into all sorts of foolish risks
Jest zdecydowana wpędzić nas w wszelkiego rodzaju głupie ryzyko
she was not like this before she lost her mind
Nie była taka, zanim straciła rozum

A Fortnight Later
Dwa tygodnie później

I examined its mouth
Przyjrzałem się jego pyszczkowi
There is no danger yet; it has only one tooth
Nie ma jeszcze niebezpieczeństwa; Ma tylko jeden ząb
It has no tail yet
Nie ma jeszcze ogona
It makes more noise now than it ever did before
Robi teraz więcej hałasu niż kiedykolwiek wcześniej
and it makes the noise mainly at night
i hałasuje głównie w nocy
I have moved out
Wyprowadziłem się
But I shall go over in the mornings to breakfast
Ale rano pójdę na śniadanie
then I will see if it has more teeth
to zobaczę czy ma więcej zębów
If it gets a mouthful of teeth, it will be time for it to go
Jeśli dostanie usta pełne zębów, nadejdzie czas, aby odejść
I won't make an exception if it has no tail
Nie zrobię wyjątku, jeśli nie ma ogona
bears do not need tails in order to be dangerous
Niedźwiedzie nie potrzebują ogonów, aby być niebezpiecznym

Four Months Later
Cztery miesiące później

I have been off hunting and fishing a month
Od miesiąca poluję i łowię ryby
up in the region that she calls Buffalo
w regionie, który nazywa Buffalo
I don't know why she has called it Buffalo
Nie wiem, dlaczego nazwała go Buffalo
it could be because there are not any buffaloes there
Może to być spowodowane tym, że nie ma tam żadnych bawołów
the bear has learned to paddle around all by itself
Niedźwiedź nauczył się samodzielnie wiosłować
it can walk on its hind legs
Potrafi chodzić na tylnych łapach
and it says "daddy" and "mummy" to us
i mówi do nas "tata" i "mamusia"
It is certainly a new species
Jest to z pewnością nowy gatunek
This resemblance to words may be purely accidental, of course
To podobieństwo do słów może być oczywiście czysto przypadkowe
it may be that its words have no purpose or meaning
Może być tak, że jego słowa nie mają celu ani znaczenia
but even in that case it would still be extraordinary
Ale nawet w takim przypadku byłoby to niezwykłe
using words is something which no other bear can do
Używanie słów to coś, czego nie potrafi żaden inny niedźwiedź
This imitation of speech sufficiently indicates that this is a new kind of bear
To naśladownictwo mowy wystarczająco wskazuje, że jest to nowy rodzaj niedźwiedzia
add to that the general absence of fur

Dodajmy do tego ogólny brak futra
and consider the entire absence of a tail
i rozważ całkowity brak ogona
further study of it will be exceedingly interesting
Dalsze badania nad nim będą niezwykle interesujące
Meantime I will go off on a far expedition among the forests of the North
Ja tymczasem wyruszę na daleką wyprawę wśród lasów Północy
there I will make a more exhaustive search
tam przeprowadzę bardziej wyczerpujące poszukiwania
There must certainly be another one somewhere
Z pewnością gdzieś musi być jeszcze jeden
this one will be less dangerous when it has company of its own species
Ten będzie mniej niebezpieczny, gdy będzie miał towarzystwo własnego gatunku
I will go straightway
Pójdę prosto
but I will muzzle this one first
ale najpierw założę mu kaganiec

Three Months Later
Trzy miesiące później

It has been a weary, weary hunt
To było nużące, nużące polowanie
yet I have had no success
A jednak nie odniosłem sukcesu
while I was gone she caught another one!
kiedy mnie nie było, złapała kolejnego!
and she didn't even leave the estate
i nawet nie opuściła majątku
I never saw such luck
Nigdy nie widziałem takiego szczęścia
I might have hunted these woods a hundred years without

finding one
Mógłbym polować w tych lasach przez sto lat, nie znajdując żadnego

Next Day - Następny dzień
I have been comparing the new one with the old one
Porównywałem nowy ze starym
it is perfectly plain that they are the same breed
Jest zupełnie jasne, że są tej samej rasy
I was going to stuff one of them for my collection
Miałem zamiar wypchać jeden z nich do mojej kolekcji
but she is prejudiced against it for some reason
Ale z jakiegoś powodu jest do niego uprzedzona
so I have relinquished the idea
więc zrezygnowałem z tego pomysłu
but I think it is a mistake
ale myślę, że to błąd
It would be an irreparable loss to science if they should get away
Byłaby to niepowetowana strata dla nauki, gdyby uciekli
The old one is tamer than it was
Stary jest łagodniejszy niż był
now it can laugh and talk like the parrot
Teraz potrafi się śmiać i mówić jak papuga
I have no doubt that it has learned this from the parrot
Nie mam wątpliwości, że nauczyła się tego od papugi
I calculate it has a great amount of the imitative faculty
Obliczyłem, że ma dużą ilość zdolności naśladowczych
I shall be astonished if it turns out to be a new kind of parrot
Zdziwię się, jeśli okaże się, że to nowy rodzaj papugi
and yet I ought not to be astonished
a jednak nie powinienem się dziwić
because it has already been everything else it could think of
ponieważ było już wszystkim, co tylko mogło wymyślić
The new one is as ugly now as the old one was at first
Nowy jest teraz tak samo brzydki, jak stary był na początku

it has the same sulphur complexion
ma taką samą siarkową karnację
and it has the same singular head without any fur on it
i ma tę samą pojedynczą głowę bez futra
She calls the new one Abel
Nazywa nowego Abelem

Ten Years Later
Dziesięć lat później

They are boys; we found it out long ago
To chłopcy; Przekonaliśmy się o tym dawno temu
It was their coming in that small, immature shape that puzzled us
To ich przybycie w tym małym, niedojrzałym kształcie nas zaintrygowało
we were not used to animals being so small for so long
Nie byliśmy przyzwyczajeni do tego, że zwierzęta są tak małe przez tak długi czas
There are some girls now
Jest teraz kilka dziewczyn
Abel is a good boy
Abel jest dobrym chłopcem
but if Cain had stayed a bear it would have improved him
ale gdyby Kain pozostał niedźwiedziem, to by go to poprawiło

After all these years I realize I had made a mistake
Po tylu latach zdaję sobie sprawę, że popełniłem błąd
I see that I was initially mistaken about Eve
Widzę, że początkowo myliłem się co do Ewy
it is better to live outside the Garden with her than inside it without her
lepiej jest mieszkać z nią poza Ogrodem niż w nim bez niej
At first I thought she talked too much
Na początku myślałam, że za dużo mówi

but now I should be sorry to have that voice fall silent
ale teraz byłoby mi przykro, gdyby ten głos zamilkł

I wouldn't want that voice to pass out of my life
Nie chciałbym, żeby ten głos zniknął z mojego życia
Blessed be the chestnut that brought us together
Błogosławiony niech będzie kasztan, który nas połączył
this chestnut has taught me to know the goodness of her heart
Ten kasztan nauczył mnie poznawać dobroć jej serca
this chestnut has taught me the sweetness of her spirit!
Ten kasztan nauczył mnie słodyczy jej ducha!

- Eve's Diary -
- Pamiętnik Ewy –
Translated from the original, by Mark Twain
Przetłumaczone z oryginału: Mark Twain

SATURDAY - SOBOTA
I am almost a whole day old, now
Mam już prawie cały dzień
I arrived yesterday
Przyjechałem wczoraj
That is as it seems to me
Tak mi się wydaje
And it must be so
I tak musi być
perhaps there was a day-before-yesterday
Być może był przedwczoraj

but I was not there when it happened
ale nie było mnie tam, kiedy to się stało
if I had been there I would remember it
gdybym tam był, zapamiętałbym to
It could be, of course, that it did happen
Możliwe, oczywiście, że tak się stało
and it could be that I was not noticing
i może być tak, że tego nie zauważyłem
Very well; I will be very watchful now
Bardzo dobrze; Będę teraz bardzo czujny
if a day-before-yesterday happen I will make a note
jeśli zdarzy się przedwczoraj, zrobię notatkę
It will be best to start right
Najlepiej będzie zacząć dobrze
and it's best not to let the record get confused
i najlepiej nie pozwolić, aby płyta się pomyliła
I feel these details are going to be important
Czuję, że te szczegóły będą ważne
my instincts are telling me this
Instynkt mi to podpowiada
they might be important to historians some day
Pewnego dnia mogą być ważne dla historyków
For I feel like an experiment
Bo czuję się jak eksperyment
I feel exactly like an experiment
Czuję się dokładnie jak w eksperymencie
a person can't feel more like an experiment than I do
człowiek nie może czuć się bardziej jak eksperyment niż ja
it would be impossible to feel more like an experiment
Nie da się bardziej poczuć eksperymentu
and so I am coming to feel convinced that is what I am
i tak zaczynam się przekonywać, że to jest to, czym jestem
I am an experiment
Jestem eksperymentem
just an experiment and nothing more
Tylko eksperyment i nic więcej

Then, if I am an experiment, am I the whole of it?
A zatem, jeśli jestem eksperymentem, to czy jestem jego całością?
No, I think I am not the whole experiment
Nie, myślę, że nie jestem całym eksperymentem
I think the rest of it is part of the experiment too
Myślę, że reszta też jest częścią eksperymentu
I am the main part of the experiment
To ja jestem główną częścią eksperymentu
but I think the rest of it has its share in the matter
ale myślę, że reszta ma swój udział w tej sprawie
Is my position in the experiment assured?
Czy moja pozycja w eksperymencie jest zapewniona?
or do I have to watch my position and take care of it?

czy też muszę pilnować swojej pozycji i o nią dbać?
I think it is the latter, perhaps
Myślę, że być może to drugie
Some instinct tells me guard my role
Jakiś instynkt podpowiada mi, że strzegę swojej roli
eternal vigilance is the price of supremacy
Wieczna czujność jest ceną supremacji
That is a good phrase, I think
Myślę, że to dobre określenie
it is especially good for someone so young
Jest to szczególnie dobre dla kogoś tak młodego

Everything looks better today than it did yesterday
Dziś wszystko wygląda lepiej niż wczoraj
there had been a great rush of finishing up the mountains
Był wielki pośpiech w wykańczaniu gór
so things had been left in a ragged condition
Tak więc rzeczy zostały pozostawione w poszarpanym stanie
and the open plains were so cluttered that
a otwarte równiny były tak zagracone, że
all the aspects and proportions were quite distressing
Wszystkie aspekty i proporcje były dość przygnębiające
because they still had rubbish and remnants
bo mieli jeszcze śmieci i resztki
Noble and beautiful works of art should not be rushed
Szlachetnych i pięknych dzieł sztuki nie należy spieszyć
and this majestic new world is indeed a work of art
A ten majestatyczny nowy świat jest rzeczywiście dziełem sztuki
I can tell it has been made to be noble and beautiful
Mogę powiedzieć, że został stworzony, aby był szlachetny i piękny
and it is certainly marvellously near to being perfect
i z pewnością jest cudownie blisko doskonałości
notwithstanding the shortness of the time
Pomimo krótkiego czasu
There are too many stars in some places
W niektórych miejscach jest za dużo gwiazd
and there are not enough stars in other places
a w innych miejscach jest za mało gwiazd
but that can be remedied soon enough, no doubt
Ale bez wątpienia można temu zaradzić dość szybko
The moon got loose last night and slid down
Zeszłej nocy księżyc uwolnił się i zsunął w dół
it fell out of the scheme
wypadł z programu
this was a very great loss
To była wielka strata

it breaks my heart to think of it
Serce mi pęka, gdy o tym myślę
among the ornaments and decorations it is unique
Wśród ozdób i ozdób wyróżnia się
nothing is comparable to it for beauty and finish
Nic nie może się z nim równać pod względem piękna i wykończenia
It should have been held in place better
Powinien był być lepiej utrzymywany na miejscu
I wish we could get it back again
Chciałbym, żebyśmy mogli go odzyskać

But there is no telling where it went to
Nie wiadomo jednak, dokąd to poszło
And besides, whoever gets it will hide it
A poza tym, kto go zdobędzie, ukryje go
I know it because I would do it myself
Wiem to, bo sam bym to zrobił
I believe I can be honest in all other matters
Wierzę, że mogę być uczciwy we wszystkich innych sprawach
but I already begin to realize something;
ale już zaczynam sobie coś uświadamiać;
the core of my nature is love of the beautiful
Istotą mojej natury jest miłość do piękna
I have a passion for the beautiful
Mam pasję do piękna
so it would not be safe to trust me with a moon
więc nie byłoby bezpiecznie powierzyć mi księżyc
I could give up a moon that I found in the daytime
Mógłbym oddać księżyc, który znalazłem w ciągu dnia
because I would be afraid someone was looking
bo bałbym się, że ktoś będzie szukał
but if I found a moon in the dark I would keep it
ale gdybym znalazł księżyc w ciemności, zatrzymałbym go
I am sure I could find some kind of an excuse
Jestem pewna, że mogłabym znaleźć jakąś wymówkę
I would find a way to not say anything about it
Znalazłbym sposób, żeby nic o tym nie mówić
because I do love moons
bo kocham księżyce
they are so pretty and so romantic
Są takie ładne i takie romantyczne
I wish we had five or six of them
Chciałbym, żebyśmy mieli ich pięć czy sześć
I would never go to bed
Nigdy nie poszedłbym spać
I would never get tired lying on the moss-bank
Nigdy bym się nie zmęczył, leżąc na brzegu mchu

and I would always be looking up at them
i zawsze będę na nich patrzeć

Stars are good, too
Gwiazdy też są dobre
I wish I could get some to put in my hair
Żałuję, że nie mogę dostać trochę do włożenia we włosy
But I suppose I can never do that
Ale przypuszczam, że nigdy nie będę w stanie tego zrobić
It's surprising how far away they are
To zaskakujące, jak daleko są
because they do not look like they're far away
bo nie wyglądają, jakby były daleko

they first showed themselves last night
Po raz pierwszy pokazali się wczoraj wieczorem
I tried to knock some down with a pole
Próbowałem powalić niektórych drągiem
but it didn't reach, which astonished me;
ale nie dotarł, co mnie zdziwiło;
then I tried throwing clods at them
potem próbowałem rzucać w nich grudkami
I tried this till I was all tired out
Próbowałem tego, aż byłem zmęczony
but I never managed to get one
ale nigdy nie udało mi się go zdobyć
It must be because I am left-handed
Pewnie dlatego, że jestem leworęczny
because of this I cannot throw good
z tego powodu nie mogę rzucać dobrze
though I did make some close shots
chociaż zrobiłem kilka bliskich ujęć
I saw the black blot of the clod
Widziałem czarną plamę grudki
it sailed right into the midst of the golden clusters
Popłynął prosto w sam środek złotych gromad
I must have tried forty or fifty times
Próbowałem chyba z czterdzieści czy pięćdziesiąt razy
and I just barely missed them
i ledwo za nimi tskniłem
perhaps I should have held out a little longer
Być może powinienem był wytrzymać trochę dłużej
and then I might have got one
a potem mógłbym go dostać

So I cried a little, which was natural
Więc trochę płakałam, co było naturalne
I suppose it is natural for one of my age
Przypuszczam, że jest to naturalne dla kogoś w moim wieku
and after I was rested I got a basket
a jak już odpocząłem dostałem koszyk
I went to a hill on the extreme rim of the circle
Poszedłem na wzgórze na skrajnym brzegu koła
there the stars should be closer to the ground
Tam gwiazdy powinny znajdować się bliżej ziemi
perhaps if I was there I could get them
może gdybym tam był, mógłbym je zdobyć
then I could get them with my hands

wtedy mógłbym je zdobyć rękami
this would be better anyway
To i tak byłoby lepsze
because then I could gather them tenderly
bo wtedy mógłbym je czule zebrać
and I would not break them
i nie złamałbym ich
But it was farther than I thought
Ale to było dalej, niż myślałem
and at last I had to give it up
i w końcu musiałem z tego zrezygnować
I was so tired from all my trying
Byłem tak zmęczony wszystkimi moimi próbami
I couldn't drag my feet another step
Nie mogłam powstać ani kroku
and besides, my feet were sore
A poza tym bolały mnie stopy
and my feet hurt me very much
i bardzo bolą mnie stopy
I couldn't get back home
Nie mogłam wrócić do domu
it was late, and turning cold
Było późno i robiło się zimno
but I found some tigers
ale znalazłem kilka tygrysów
and I nestled in among them
i wtuliłem się między nich
and it was most adorably comfortable
i było to najbardziej uroczo wygodne
and their breath was sweet and pleasant
a ich oddech był słodki i przyjemny
because they live on a diet of strawberries
ponieważ żyją na diecie truskawek
I had never seen a tiger before
Nigdy wcześniej nie widziałem tygrysa
but I knew straight away by their stripes

ale poznałem od razu po ich pręgach
If only I could have one of those skins
Gdybym tylko mógł mieć jedną z tych skórek
it would make a lovely gown
Byłaby to piękna suknia

Today I am getting better ideas about distances
Dzisiaj mam lepsze pomysły na odległości
I was so eager to get hold of every pretty thing
Tak bardzo chciałem zdobyć każdą ładną rzecz
I was so eager that I giddily grabbed for it
Byłem tak chętny, że z zawrotem głowy chwyciłem go
sometimes I grabbed for it when it was too far away

czasami chwytałem go, gdy był zbyt daleko
and I grabbed for it when it was but six inches away
i chwyciłem go, gdy był zaledwie sześć cali od niego
I even grabbed for it when it was between thorns!
Chwyciłem go nawet, gdy był między cierniami!
I learned a lesson and I made an axiom
Wyciągnąłem lekcję i stworzyłem aksjomat
I made it all out of my own head
Zrobiłem to wszystko z własnej głowy
it is my very first one
To mój pierwszy
THE SCRATCHED EXPERIMENT SHUNS THE THORN
PORYSOWANY EKSPERYMENT UNIKA CIERNIA
I think it is a very good axiom for one so young
Myślę, że to bardzo dobry aksjomat dla kogoś tak młodego

last afternoon I followed the other experiment around
Wczoraj po południu śledziłem inny eksperyment
I kept a distance, to see what it might be for
Trzymałem się z daleka, żeby zobaczyć, do czego to może służyć
But I was not able to establish its use
Ale nie byłem w stanie ustalić jego zastosowania
I think it is a man
Myślę, że to mężczyzna
I had never seen a man
Nigdy nie widziałem mężczyzny
but it looked like a man
ale wyglądał jak mężczyzna
and I feel sure that that is what it is
i jestem pewien, że tak właśnie jest
I realized something strange about this man
Zdałem sobie sprawę, że jest coś dziwnego w tym człowieku
I feel more curiosity about it than the other reptiles
Czuję większą ciekawość niż inne
I'm assuming it is a reptile

Zakładam, że to
because it has frowzy hair and blue eyes
bo ma puszyste włosy i niebieskie oczy
and it looks like a reptile
i wygląda jak
It has no hips and tapers like a carrot when it stands
Nie ma bioder i zwęża się jak marchewka, gdy stoi
it spreads itself apart like a derrick
Rozsuwa się jak żuraw
so I think it is a reptile
więc myślę, że to
although it may be architecture
choć może to być architektura

I was afraid of it at first
Na początku się tego bałam
and I started to run every time it turned around
i zaczynałem biec za każdym razem, gdy się odwrócił
because I thought it was going to chase me
bo myślałam, że będzie mnie gonić
but by and by I found it was only trying to get away
ale z czasem odkryłem, że to tylko próba ucieczki
so after that I was not timid any more
więc potem nie byłem już nieśmiały
but I tracked behind it by about twenty yards
ale śledziłem go o jakieś dwadzieścia jardów
I tracked it for several hours
Śledziłem go przez kilka godzin
this made it nervous and unhappy
To sprawiło, że był nerwowy i nieszczęśliwy
At last it was a good deal worried, and climbed a tree
W końcu bardzo się zmartwił i wspiął się na drzewo
I waited a good while
Odczekałem dobrą chwilę
then I gave it up and went home
potem dałem sobie spokój i poszedłem do domu

SUNDAY - NIEDZIELA
Today the same thing happened
Dzisiaj stało się to samo
I got it up the tree again
Znowu wspiąłem się na drzewo
It is still up there
Wciąż tam jest
and it is resting, apparently
i najwyraźniej odpoczywa
But that is a subterfuge
Ale to podstęp
Sunday isn't the day of rest
Niedziela nie jest dniem odpoczynku
Saturday is appointed for that
Sobota jest na to wyznaczona
It looks to me like a strange creature
Wygląda mi to na dziwne stworzenie
it is more interested in resting than in anything else
Jest bardziej zainteresowany odpoczynkiem niż czymkolwiek innym
It would tire me to rest so much
Tyle by mnie zmęczyło tak bardzo
It tires me just to sit around and watch the tree
Męczy mnie samo siedzenie i obserwowanie drzewa
I do wonder what it is for
Zastanawiam się, po co to jest
I never see it do anything
Nigdy nie widzę, żeby coś robił

They returned the moon last night
Wczoraj wieczorem wrócili na Księżyc
and I was SO happy!
i byłam TAKA szczęśliwa!
I think it is very honest of them
Myślę, że to bardzo uczciwe z ich strony
It slid down and fell off again
Zsunął się i znów spadł
but I was not distressed
ale nie byłem przygnębiony
there is no need to worry
Nie musisz się martwić
when one has such kind neighbours, they will fetch it back

Kiedy ma się takich życzliwych sąsiadów, przyniosą je z powrotem
I wish I could do something to show my appreciation
Żałuję, że nie mogę zrobić czegoś, co by okazać wdzięczność
I would like to send them some stars
Chciałbym wysłać im kilka gwiazdek
because we have more than we can use
bo mamy więcej, niż możemy zużyć
I do mean to say I, not we
Chcę powiedzieć, że ja, a nie my
I can see that the reptile cares nothing for such things
Widzę, że nie dba o takie rzeczy
It has low tastes and it is not kind
Ma słabe gusta i nie jest miły
I went there yesterday evening
Pojechałem tam wczoraj wieczorem
in the evening it had crept down
Wieczorem wkradł się w dół
and it was trying to catch the little speckled fishes
i próbował złapać małe nakrapiane rybki
the little fishes that play in the pool
Małe rybki, które bawią się w basenie
and I had to clod it
i musiałem go grudować
in order to make it go up the tree again
aby znów wspiąć się na drzewo
and then it left them alone
A potem zostawił ich samych
I wonder if that is what it is for?
Zastanawiam się, czy po to to chodzi?
Hasn't it any heart?
Czy to nie ma serca?
Hasn't it any compassion for the little creature?
Czy nie ma w tym współczucia dla tego małego stworzenia?
was it designed and manufactured for such ungentle work?
Czy został zaprojektowany i wyprodukowany do tak

niedelikatnej pracy?
It has the look of being made for silly things
Wygląda na to, że jest stworzony do głupich rzeczy
One of the clods hit the back of its ear
Jedna z grudek trafiła w tył ucha
and it used language, which gave me a thrill
i używał języka, który przyprawiał mnie o dreszczyk emocji
for it was the first time I had ever heard speech
bo po raz pierwszy usłyszałem mowę
it was the first speech I heard except my own
Była to pierwsza przemowa, jaką usłyszałem, z wyjątkiem mojej własnej
I did not understand the words
Nie rozumiałem słów
but the words seemed expressive
Ale słowa wydawały się wyraziste

When I found it could talk I felt a new interest in it
Kiedy odkryłem, że potrafi mówić, poczułem nowe zainteresowanie
because I love to talk more than anything
bo kocham mówić bardziej niż cokolwiek innego
I like to talk all day
Lubię rozmawiać cały dzień
and in my sleep I talk too
i we śnie też mówię
and I am very interesting
i jestem bardzo ciekawy
but if I had another to talk to I could be twice as interesting
ale gdybym miał kogoś innego, z kim mógłbym porozmawiać, mógłbym być dwa razy bardziej interesujący
and I would never stop talking
i nigdy nie przestanę mówić

If this reptile is a man, it isn't an it, is it?
Jeśli ten jest człowiekiem, to nie jest nim, prawda?
That wouldn't be grammatical, would it?
To nie byłoby gramatyczne, prawda?
I think it would be he
Myślę, że to on
In that case one would parse it thus:
W takim przypadku można by to przeanalizować w następujący sposób:
nominative; he
mianownik; on
dative; him
celownik; go
possessive; his
Dzierżawcze; jego
Well, I will consider it a man
Cóż, uznam to za mężczyznę
and I will call it he until it turns out to be something else
i będę go nazywał, dopóki nie okaże się, że to coś innego
This will be handier than having so many uncertainties
Będzie to wygodniejsze niż tak wiele niewiadomych

NEXT WEEK SUNDAY
NASTĘPNY TYDZIEŃ NIEDZIELA
All the week I tagged around after him
Przez cały tydzień chodziłem za nim
and I tried to get acquainted with him
i próbowałem się z nim zapoznać
I had to do the talking because he was shy
Musiałam mówić, bo był nieśmiały
but I didn't mind talking
ale nie miałem nic przeciwko rozmowie
He seemed pleased to have me around
Wydawał się zadowolony, że jest ze mną w pobliżu
and I used the sociable 'we' a good deal
i często używałem towarzyskiego "my"

because it seemed to flatter him to be included
ponieważ zdawało się, że pochlebia mu to, że został włączony

WEDNESDAY
ŚRODA
We are getting along very well now
Teraz bardzo dobrze się dogadujemy
and we're getting better and better acquainted
i coraz lepiej się poznajemy
He does not try to avoid me any more, which is a good sign
Nie próbuje mnie już unikać, co jest dobrym znakiem
and it shows that he likes to have me with him, which pleases me

i pokazuje, że lubi mieć mnie przy sobie, co mi się podoba
and I study to be useful to him
a ja uczę się, aby być dla niego użytecznym
I want to be useful in every way I can
Chcę być użyteczny w każdy możliwy sposób
so as to increase his regard of me
aby zwiększyć jego szacunek dla mnie

During the last day or two
W ciągu ostatniego dnia lub dwóch
I have taken all the work of naming things off his hands
Wziąłem z jego rąk całą pracę nazywania rzeczy
and this has been a great relief to him

I to było dla niego wielką ulgą
for he has no gift in that line of work
albowiem nie ma daru w tym zawodzie
and he is evidently very grateful
i widocznie jest bardzo wdzięczny
He can't think of a rational name to save himself
Nie może wymyślić racjonalnego imienia, aby się uratować
but I do not let him see that I am aware of his defect
ale nie daję mu do zrozumienia, że jestem świadomy jego wady
Whenever a new creature comes along I name it
Ilekroć pojawia się nowe stworzenie, nazywam je
before he has time to expose himself by an awkward silence
zanim zdąży się obnażyć niezręczną ciszą
In this way I have saved him many embarrassments
W ten sposób oszczędziłem mu wielu kłopotów
I have no defect like this
Nie mam takiej wady
The minute I set eyes on an animal I know what it is
W chwili, gdy spojrzę na zwierzę, wiem, co to jest
I don't have to reflect even for a moment
Nie muszę się zastanawiać ani przez chwilę
the right name comes out instantly
Właściwa nazwa pojawia się natychmiast
just as if it were an inspiration
Jakby to była inspiracja
I have no doubt it is
Nie mam wątpliwości, że tak
because I am sure it wasn't in me half a minute before
bo jestem pewna, że nie było tego we mnie pół minuty wcześniej
I seem to know just by the shape of the creature
Wydaje mi się, że poznaję to po kształcie stworzenia
and I know from the way it acts what animal it is
i wiem ze sposobu, w jaki się zachowuje, co to za zwierzę

When the dodo came along he thought it was a wildcat
Kiedy pojawił się dodo, pomyślał, że to żbik
I saw it in his eyes
Widziałem to w jego oczach
But I saved him from embarrassment
Ale uratowałem go przed kompromitacją
I was careful not to do it in a way that could hurt his pride
Uważałem, żeby nie zrobić tego w sposób, który mógłby zranić jego dumę
I just spoke up as if pleasantly surprised
Po prostu odezwałem się, jakby mile zaskoczony
I didn't speak as if I was dreaming of conveying information
Nie mówiłem tak, jakbym marzył o przekazaniu informacji
"Well, I do declare, if there isn't the dodo!"
"Cóż, oświadczam, że jeśli nie ma dodo!"
I explained without seeming to be explaining
Wyjaśniłem, nie sprawiając wrażenia, że wyjaśniam

I explained how I knew it was a dodo
Wyjaśniłem, skąd wiedziałem, że to dodo
I thought maybe he was a little piqued
Pomyślałam, że może jest trochę podniecony
I knew the creature when he didn't
Znałem to stworzenie, kiedy on nie znał
but it was quite evident that he admired me
Widać było jednak, że mnie podziwia
That was very agreeable
To było bardzo przyjemne
and I thought of it more than once with gratification before I slept
i myślałem o tym niejednokrotnie z satysfakcją, zanim zasnąłem
How little a thing can make us happy
Jak mała rzecz może nas uszczęśliwić
we're happy when we feel that we have earned it!
Cieszymy się, gdy czujemy, że na to zasłużyliśmy!

THURSDAY - CZWARTEK
my first sorrow
Mój pierwszy smutek
Yesterday he avoided me
Wczoraj mnie unikał
and he seemed to wish I would not talk to him
i zdawał się woleć, żebym z nim nie rozmawiał
I could not believe it
Nie mogłem w to uwierzyć
and I thought there was some mistake
i myślałem, że zaszła jakaś pomyłka
because I loved to be with him
bo uwielbiałam z nim przebywać
and loved to hear him talk
i uwielbiałem słuchać, jak mówi
and so how could it be that he could feel unkind toward me?
Jak to możliwe, że czuł się wobec mnie niemiły?
I had not done anything wrong
Nie zrobiłem nic złego
But it seemed true, so I went away
Ale wydawało mi się, że to prawda, więc odszedłem
and I sat lonely in the place where I first saw him
i siedziałem samotnie w miejscu, w którym go po raz pierwszy zobaczyłem
on the morning that we were made
Tego ranka, kiedy zostaliśmy stworzeni
when I did not know what he was
kiedy nie wiedziałem, co to jest
when I was still indifferent about him
kiedy byłem jeszcze wobec niego obojętny
but now it was a mournful place
Ale teraz było to miejsce żałobne
and every little thing spoke of him
i każdy drobiazg o nim mówił
and my heart was very sore
i moje serce było bardzo obolałe

I did not really know why I was feeling like this
Tak naprawdę nie wiedziałam, dlaczego tak się czuję
because it was a new feeling
Bo to było nowe uczucie
I had not experienced it before
Nie doświadczyłem tego wcześniej
and it was all a mystery to me
i to wszystko było dla mnie tajemnicą
and I could not make sense of it
i nie mogłem tego zrozumieć

But when night came I could not bear the lonesomeness
Ale gdy nadeszła noc, nie mogłem znieść samotności
I went to the new shelter which he had built
Poszedłem do nowego schronu, który zbudował
I went to ask him what I had done that was wrong
Poszedłem zapytać go, co złego zrobiłem
and I wanted to know how I could mend it
i chciałem wiedzieć, jak mogę to naprawić
I wanted to get back his kindness again
Chciałem odzyskać jego dobroć
but he put me out in the rain
ale wystawił mnie na deszcz
and it was my first sorrow
I to był mój pierwszy smutek

SUNDAY - NIEDZIELA
It is pleasant again and now I am happy
Znowu jest przyjemnie i teraz jestem szczęśliwy
but those were heavy days
Ale to były ciężkie dni
I do not think of those days when I can help it
Nie myślę o tych dniach, kiedy mogę temu zaradzić

I tried to get him some of those apples
Próbowałem przynieść mu trochę tych jabłek
but I cannot learn to throw straight
ale nie mogę nauczyć się rzucać prosto
I failed, but I think the good intention pleased him
Nie udało mi się, ale myślę, że dobre intencje sprawiły mu przyjemność
They are forbidden
Są zabronione
and he says I would come to harm if I ate one
a on mówi, że skrzywdziłbym się, gdybym zjadł jednego
but then I would come to harm through pleasing him
ale wtedy doszedłbym do krzywdy, zadowalając go
why should I care for that harm?
Dlaczego miałbym się przejmować tą krzywdą?
MONDAY
PONIEDZIAŁEK
This morning I told him my name
Dziś rano powiedziałem mu, jak się nazywam
I hoped it would interest him
Miałem nadzieję, że go to zainteresuje
But he did not care for it, which is strange
Ale nie dbał o to, co jest dziwne
If he should tell me his name I would care
Gdyby mi powiedział, jak się nazywa, zależałoby mi
I think it would be pleasanter in my ears than any other sound
Myślę, że byłby przyjemniejszy w moich uszach niż jakikolwiek inny dźwięk

He talks very little
Mówi bardzo mało
Perhaps it is because he is not bright
Być może dlatego, że nie jest bystry
and maybe he is sensitive about his intellect
i może jest wrażliwy na punkcie swojego intelektu
it could be that he wishes to conceal it
Możliwe, że chce to ukryć
It is such a pity that he should feel this way
Szkoda, że tak się czuje
because intelligence is nothing
Bo inteligencja jest niczym
it is in the heart that the values lie

To w sercu leżą wartości
I wish I could make him understand
Chciałabym sprawić, by zrozumiał
a loving good heart is riches
Kochające, dobre serce to bogactwo
intellect without a good heart is poverty
Intelekt bez dobrego serca jest ubóstwem
Although he talks so little, he has quite a considerable vocabulary
Chociaż tak mało mówi, ma całkiem pokaźny zasób słownictwa
This morning he used a surprisingly good word
Tego ranka użył zaskakująco dobrego słowa
He evidently recognized that it was a good one
Najwidoczniej zdawał sobie sprawę, że była ona dobra
because he made sure to use the word a couple more times
ponieważ upewnił się, że użył tego słowa jeszcze kilka razy
it showed that he possesses a certain quality of perception
Pokazał on, że posiada pewną jakość percepcji
Without a doubt that seed can be made to grow, if cultivated
Bez wątpienia ziarno może rosnąć, jeśli jest uprawiane
Where did he get that word?
Skąd wziął to słowo?
I do not think I have ever used that word
Nie wydaje mi się, żebym kiedykolwiek użył tego słowa
No, he took no interest in my name
Nie, nie interesowało go moje nazwisko
I tried to hide my disappointment
Próbowałem ukryć rozczarowanie
but I suppose I did not succeed
ale przypuszczam, że mi się nie udało

I went away and sat on the moss-bank
Odszedłem i usiadłem na brzegu mchu
and I put my feet into the water
i włożyłem nogi do wody
It is where I go when I hunger for companionship
To tam, dokąd idę, gdy łaknę towarzystwa
when I want someone to look at
kiedy chcę, żeby ktoś na to spojrzał
when I want someone to talk to
kiedy chcę z kimś porozmawiać
the lovely white body painted in the pool is not enough
Piękne białe nadwozie pomalowane w basenie to za mało
but it is something, at least
ale to już coś, przynajmniej
and something is better than utter loneliness
A jest coś lepszego niż zupełna samotność
It talks when I talk
Mówi, kiedy ja mówię

it is sad when I am sad
to smutne, kiedy jestem smutny
it comforts me with its sympathy
pociesza mnie swoją sympatią
it says, "Do not be downhearted, you poor friendless girl"
mówi: "Nie bądź przygnębiona, biedna dziewczyno bez przyjaciół"
"I will be your friend"
"Będę twoim przyjacielem"
It is a good friend to me
To dla mnie dobry przyjaciel
it is my only friend and my sister
To moja jedyna przyjaciółka i moja siostra

I shall never forget first time she forsook me!
Nigdy nie zapomnę, kiedy po raz pierwszy mnie opuściła!
My heart was heavy in my body!
Serce mi ciążyło!
I said, "She was all I had"
Powiedziałem: "Była wszystkim, co miałem"
"and now she is gone!"

— A teraz już jej nie ma!
In my despair I said "Break, my heart"
W rozpaczy powiedziałem: "Złamij moje serce"
"I cannot bear my life any more!"
"Nie mogę już dłużej znieść mojego życia!"
and I hid my face in my hands
i ukryłem twarz w dłoniach
and there was no solace for me
i nie było dla mnie pocieszenia
And when I took my hands away from my face
A kiedy odsunąłem ręce od twarzy
and after a little, there she was again
A po chwili znów tam była
white and shining and beautiful
biały, lśniący i piękny
and I sprang into her arms
i rzuciłem się w jej ramiona

That was perfect happiness
To było doskonałe szczęście
I had known happiness before, but it was not like this
Już wcześniej znałem szczęście, ale tak nie było
this happiness was ecstasy
To szczęście było ekstazą
I never doubted her afterwards
Nigdy później w nią nie zwątpiłem
Sometimes she stayed away for perhaps an hour
Zdarzało się, że nie było jej przez godzinę
maybe she was gone almost the whole day
może nie było jej prawie cały dzień
but I waited and I did not doubt her return
ale czekałem i nie wątpiłem w jej powrót
I said, "She is busy" or "she is gone on a journey"
Powiedziałem: "Jest zajęta" lub "wyjechała w podróż"
but I know she will come back, and she always did
ale wiem, że wróci i zawsze tak było
At night she would not come if it was dark
W nocy nie przychodziła, jeśli było ciemno
because she was a timid little thing
bo była bojaźliwym maleństwem
but if there was a moon she would come
ale gdyby był księżyc, przyszłaby
I am not afraid of the dark
Nie boję się ciemności
but she is younger than I am
ale ona jest młodsza ode mnie
she was born after I was
urodziła się po mnie,
Many and many are the visits I have paid her
Wiele, wiele jest wizyt, które jej składałem
she is my comfort and refuge when my life is hard
Ona jest moją pociechą i schronieniem, gdy moje życie jest ciężkie
and my life is mainly made from hard moments

a moje życie składa się głównie z trudnych chwil

TUESDAY - WTOREK
All the morning I was at work improving the estate
Przez cały ranek pracowałem nad ulepszaniem posiadłości
and I purposely kept away from him
i celowo trzymałem się od niego z daleka
in the hope that he would get lonely and come
w nadziei, że poczuje się samotny i przyjdzie
But he did not come to me
Ale on nie przyszedł do mnie
At noon I stopped for the day
W południe zatrzymałem się na cały dzień
and I took my recreation
i wziąłem swój wypoczynek
I flitted about with the bees and the butterflies
Fruwałem z pszczołami i motylami
and I revelled in the flowers
i rozkoszowałam się kwiatami
those beautiful happy little creatures
te piękne, szczęśliwe małe stworzenia
they catch the smile of God out of the sky
łapią uśmiech Boga z nieba
and they preserve the smile!
i zachowują uśmiech!
I gathered them and made them into wreaths
Zebrałem je i zrobiłem z nich wieńce
and I clothed myself in flowers
i przyodziałem się w kwiaty
I ate my luncheon; apples
Zjadłem obiad; Jabłka
of course; then I sat in the shade
Oczywiście; potem usiadłem w cieniu
and I wished and waited
a ja chciałem i czekałem
But he did not come
Ale on nie przyszedł

But it is of no loss
Ale to nic nie znaczy
Nothing would have come of it
Nic by z tego nie wyszło
because he does not care for flowers
bo nie dba o kwiaty
He called them rubbish
Nazwał je śmieciami
and he cannot tell one from another
i nie potrafi odróżnić jednego od drugiego
and he thinks it is superior to feel like that
I uważa, że lepiej jest czuć się w ten sposób
He does not care for me, flowers

Nie dba o mnie, kwiaty
nor does he care for the painted sky in the evening
Nie dba też o pomalowane niebo wieczorem
is there anything he does care for?
Czy jest coś, na czym mu zależy?
he cares for nothing except building shacks
Nie dba o nic poza budowaniem szałasów
he builds them to coop himself up
Buduje je, by się w nich zamknąć
but he's away from the good clean rain
ale jest z dala od dobrego, czystego deszczu
and he does not sample the fruits
i nie próbuje owoców

I laid a dry stick on the ground
Położyłem suchy patyk na ziemi
and I tried to bore a hole in it with another one
i próbowałem wywiercić w nim dziurę innym,
in order to carry out a scheme that I had
w celu realizacji planu, który miałem
and soon I got an awful fright
i wkrótce strasznie się przestraszyłem
A thin, transparent bluish film rose out of the hole
Z otworu wynurzyła się cienka, przezroczysta niebieskawa warstwa
and I dropped everything and ran
a ja rzuciłem wszystko i uciekłem
I thought it was a spirit
Myślałem, że to duch
and I was so frightened!
i tak się bałam!
But I looked back and it was not coming;
Ale obejrzałem się za siebie i okazało się, że to nie nadchodzi;
so I leaned against a rock
więc oparłem się o skałę
and I rested and panted
a ja odpoczywałem i dyszałem
and I let my limbs go on trembling
i pozwoliłem, by moje członki nadal drżały
finally they were steady again
W końcu znów się ustabilizowali
then I crept warily back
Potem ostrożnie podkradłem się z powrotem
I was alert, watching, and ready to fly
Byłem czujny, obserwowałem i byłem gotowy do lotu
I would run if there was occasion
Biegałbym, gdyby była okazja
when I was near I parted the branches of a rose-bush
gdy byłem blisko, rozchyliłem gałęzie krzewu różanego
and I peeped through the rose-bush

i zajrzałem przez krzak róży
and I wished the man was about
i żałowałem, że ten człowiek nie jest w pobliżu
I was looking so cunning and pretty
Wyglądałam tak przebiegle i ładnie
but the spirit was gone
Ale duch odszedł
I went where the spirit was
Poszedłem tam, gdzie był duch
there was a pinch of delicate pink dust in the hole
W była szczypta delikatnego różowego pyłu
I put my finger in to feel it
Włożyłem palec, żeby to poczuć
and I said "ouch!"
a ja na to "auć!"
and I took it out again
i wyjąłem go ponownie
It was a cruel pain
To był okrutny ból
I put my finger in my mouth
Wkładam palec do ust
I stood on one foot and then the other, grunting
Stanąłem na jednej, a potem na drugiej nodze, chrząkając
I presently eased my misery
Wkrótce ulżyłem memu niedoli
then I was full of interest and I began to examine
Wtedy byłem pełen zainteresowania i zacząłem badać

I was curious to know what the pink dust was
Byłam ciekawa, co to za różowy pył
Suddenly the name of it occurred to me
Nagle przyszła mi do głowy jego nazwa
I had never heard of it before
Nigdy wcześniej o tym nie słyszałem
but I knew it was FIRE!
ale wiedziałem, że to OGIEŃ!
I was as certain of it
Byłam tego pewna
as certain as a person could be of anything in the world
tak pewny, jak człowiek może być wszystkiego na świecie
So without hesitation I named it that — fire
Więc bez wahania nazwałem go tak – ogień

I had created something that didn't exist before
Stworzyłem coś, co wcześniej nie istniało
I had added a new thing to the world
Dodałem nową rzecz do świata
this world full of uncountable phenomena
ten świat pełen niezliczonych zjawisk
I realized this and I was proud of my achievement
Zdałem sobie z tego sprawę i byłem dumny ze swojego osiągnięcia
and was going to run and find him
i zamierzał pobiec i go odnaleźć
I wanted tell him about it
Chciałem mu o tym opowiedzieć

I thought it might raise myself in his esteem
Pomyślałam, że to może wzbudzi mój szacunek
but I reflected on it
ale zastanowiłem się nad tym
and I did not do it
a ja tego nie zrobiłem
No, he would not care for it
Nie, nie będzie się tym przejmował
He would ask what it was good for
Pytał, do czego to służy
and what could I answer?
i cóż mógłbym odpowiedzieć?
it was not good for something, it was merely beautiful
To nie było do czegoś dobre, to było po prostu piękne

So I sighed, and I did not go
Westchnąłem więc i nie poszedłem
Because it wasn't good for anything
Bo to się do niczego nie nadawało
it could not build a shack
Nie mógł zbudować szałasu
it could not improve melon
to nie mogło poprawić melona
it could not hurry a fruit crop
Nie mógł przyspieszyć zbioru owoców
it was useless and foolish vanity
Była to bezużyteczna i głupia próżność
he would despise it and say cutting words
Gardził nim i wypowiadał cięte słowa
But to me it was not despicable
Ale dla mnie nie było to nikczemne
I said, "Oh, you fire, I love you"
Powiedziałem: "Och, ty ogniu, kocham cię"
"you dainty pink creature, you are BEAUTIFUL"
"ty delikatne różowe stworzenie, jesteś PIĘKNA"
"and being beautiful is enough!"
"A bycie pięknym wystarczy!"
and I was going to gather it to my breast, but refrained
i chciałem go przyłożyć do piersi, ale powstrzymałem się
Then I thought of another maxim
Potem przyszła mi do głowy inna maksyma
it was very similar to the first one
Był bardzo podobny do pierwszego
I was afraid it was a plagiarism
Bałem się, że to plagiat
"THE BURNT EXPERIMENT SHUNS THE FIRE"
"SPALONY EKSPERYMENT UNIKA OGNIA"
I repeated my experiment
Powtórzyłem swój eksperyment
I had made a good deal of fire-dust
Narobiłem sporo pyłu ognistego

and I emptied it into a handful of dry brown grass
i opróżniłem go do garści suchej brązowej trawy
I was intending to carry it home
Miałem zamiar zanieść go do domu
and I wanted to keep it and play with it
i chciałem go zatrzymać i bawić się nim
but the wind struck it and it sprayed up
ale uderzył w niego wiatr i rozprysnął się
and it spat out at me fiercely
i pluł na mnie zaciekle
and I dropped it and ran
upuściłem go i uciekłem
When I looked back the blue spirit was towering up
Kiedy obejrzałem się za siebie, niebieski duch unosił się w górę
and it was stretching and rolling away like a cloud
Rozciągała się i toczyła jak obłok
and instantly I thought of the name of it — SMOKE!
i od razu pomyślałem o jego nazwie – DYM!
and upon my word, I had never heard of smoke before
i daję słowo, nigdy przedtem nie słyszałem o dymie

Soon brilliant yellow and red flares shot up
Wkrótce w górę wystrzeliły jaskrawożółte i czerwone flary
they shot up through the smoke
Wystrzelili w górę przez dym
and I named them in an instant — FLAMES
i nazwałem je w jednej chwili — PŁOMIENIE
and I was right about this too
i co do tego też miałem rację
even though these were the very first flames there had ever been
mimo że były to pierwsze płomienie, jakie kiedykolwiek pojawiły się
They climbed the trees and they flashed splendidly
Wspięli się na drzewa i błysnęli wspaniale
there was increasing volume of tumbling smoke
Wzrastała ilość kłębiącego się dymu
and the flames danced in and out of the smoke
a płomienie tańczyły w dymie i z niego wychodziły
and I had to clap my hands and laugh and dance
i musiałem klaskać w dłonie, śmiać się i tańczyć
it was so new and strange
To było takie nowe i dziwne
and it was so wonderful and beautiful!
I to było takie cudowne i piękne!

He came running, and he stopped and gazed
Przybiegł, zatrzymał się i spojrzał
he said not a word for many minutes
Przez wiele minut nie odezwał się ani słowem
Then he asked what it was
Potem zapytał, co to jest
it a shame he asked such a direct question
Szkoda, że zadał tak bezpośrednie pytanie
I had to answer it, of course, and I did
Musiałem oczywiście na nie odpowiedzieć i to zrobiłem
if it annoyed him, what could I do?
jeśli go to denerwowało, cóż mogłem zrobić?
it's not my fault that I knew what it was

to nie moja wina, że wiedziałem, co to jest
I said it was fire
Powiedziałem, że to ogień
I had no desire to annoy him
Nie miałem ochoty go drażnić
After a pause he asked: "How did it come?"
Po chwili zastanowienia zapytał: "Jak to się stało?"
this question also had to have a direct answer
Na to pytanie również musiała znaleźć się bezpośrednia odpowiedź
"I made it" I answered
"Udało mi się" odpowiedziałem
The fire was travelling farther and farther away
Ogień oddalał się coraz bardziej
He went to the edge of the burned place
Podszedł do skraju spalonego miejsca
and he stood looking down at it
A on stał i patrzył na nią z góry
and he said: "What are these?"
A on na to: "Cóż to takiego?"
I told him they were fire-coals
Powiedziałem mu, że to węgle opałowe
He picked up one to examine it
Podniósł jedną, żeby ją obejrzeć
but he changed his mind and put it down again
Zmienił jednak zdanie i odłożył ją na nowo
Then he went away
Potem odszedł
NOTHING interests him
NIC go nie interesuje

But I was interested
Ale mnie to interesowało
There were ashes, gray and soft and delicate and pretty
Był popiół, szary i miękki, delikatny i ładny
I knew what they were straight away
Od razu wiedziałam, co to jest
And the embers; I knew the embers, too
I żar; Ja też znałem żar
I found my apples and I raked them out
Znalazłem jabłka i zgarnąłem je
and I was glad because I am very young
i ucieszyłem się, bo jestem bardzo młody
so my appetite is still very active

więc mój apetyt jest nadal bardzo aktywny
But I was disappointed by the experiment
Ale byłem rozczarowany eksperymentem
because all the apples were burst open and spoiled
ponieważ wszystkie jabłka zostały popękane i zepsute
at least, I thought they were spoiled
przynajmniej tak mi się wydawało, że są zepsute
but they were not actually spoiled
ale w rzeczywistości nie były zepsute
they were better than raw ones
Były lepsze niż surowe
Fire is beautiful and some day it will be useful, I think
Ogień jest piękny i myślę, że kiedyś się przyda

FRIDAY - PIĄTEK
I saw him again, for a moment
Zobaczyłem go znowu, przez chwilę
last Monday at nightfall, but only for a moment
w ostatni poniedziałek o zmroku, ale tylko na chwilę
I was hoping he would praise me for trying to improve the estate
Miałem nadzieję, że pochwali mnie za próbę ulepszenia posiadłości
because I had meant well and had worked hard
ponieważ miałem dobre intencje i ciężko pracowałem
But he was not pleased and he turned away and left me
Ale on nie był zadowolony, odwrócił się i odszedł ode mnie
He was also displeased on another account
Był niezadowolony także z innego powodu
I tried to persuade him to stop going over the water falls
Próbowałem go przekonać, żeby przestał przechodzić przez wodospad
the fire had revealed to me a new feeling
Ogień objawił mi nowe uczucie
this feeling was quite new
To uczucie było czymś zupełnie nowym
it felt distinctly different from love or grief
To było coś zupełnie innego niż miłość czy smutek
and it was different from the other passions I had discovered
i różniła się od innych pasji, które odkryłam
this new feeling was FEAR and it is horrible!
tym nowym uczuciem był STRACH i to jest okropne!
I wish I had never discovered it
Żałuję, że nigdy tego nie odkryłem
it gives me dark moments and spoils my happiness
Daje mi ciemne chwile i psuje moje szczęście
it makes me shiver and tremble and shudder
To sprawia, że drżę, drżę i drżę
But I could not persuade him
Ale nie mogłem go przekonać

he has not discovered fear yet
Nie odkrył jeszcze strachu
so he could not understand me
więc nie mógł mnie zrozumieć

- Extract from Adam's Diary -
- Fragment z Pamiętnika Adama -

Perhaps I ought to remember that she is very young
Może powinnam pamiętać, że jest bardzo młoda
she is still but a mere girl
Ona wciąż jest tylko zwykłą dziewczyną
and I should make allowances
i powinienem wziąć pod uwagę
She is all interest, eagerness, vivacity
Ona jest cała interesująca, chętna, żywotna

she finds the world endlessly charming
Świat jest dla niej nieskończenie czarujący
a wonder, a mystery, a joy
Cud, tajemnica, radość
she can't speak for delight when she finds a new flower
Nie może mówić z zachwytu, gdy znajduje nowy kwiat
she must pet it and caress it
musi go głaskać i pieścić
and she has to smell it and talk to it
A ona musi go powąchać i z nim porozmawiać
and she pours out endearing names upon it
i wylewa na nią ujmujące imiona
And she is color-mad; brown rocks, yellow sand
I ma bzika na punkcie kolorów; brązowe skały, żółty piasek
gray moss, green foliage, blue sky, the pearl of the dawn
szary mech, zielone liście, błękitne niebo, perła świtu
the purple shadows on the mountains
purpurowe cienie na górach
the golden islands floating in crimson seas at sunset
Złote Wyspy unoszące się na szkarłatnych morzach o zachodzie słońca
the pallid moon sailing through the shredded cloud-rack
blady księżyc płynący przez poszarpane chmury
the star-jewels glittering in the wastes of space
gwiezdne klejnoty lśniące na pustkowiach kosmosu
none of these names are of any practical value
Żadna z tych nazw nie ma żadnej wartości praktycznej
there's no value in them as far as I can see
z tego, co widzę, nie ma w nich żadnej wartości
but they have color and majesty
ale mają kolor i majestat
and that is enough for her
i to jej wystarcza
and she loses her mind over them
i traci nad nimi głowę
If only she could quiet down a little

Gdyby tylko mogła się trochę uspokoić
I wish she kept still a couple minutes at a time
Chciałbym, żeby nie ruszała się przez kilka minut
it would be a reposeful spectacle
Byłoby to widowisko pełne spokoju
In that case I think I could enjoy looking at her
W takim razie myślę, że mógłbym cieszyć się jej widokiem
indeed, I am sure I could enjoy her company
Rzeczywiście, jestem pewna, że mogłabym cieszyć się jej towarzystwem
I am coming to realize that she is a quite remarkable creature
Zaczynam zdawać sobie sprawę, że jest to dość niezwykłe stworzenie
lithe, slender, trim, rounded
gibki, smukły, przycięty, zaokrąglony
shapely, nimble, graceful
zgrabny, zwinny, pełen wdzięku
and once she was standing as white as marble
A kiedyś stała biała jak marmur
she was on a boulder, and drenched in the sun
Leżała na głazie i była wygrzewana w słońcu
she stood with her young head tilted back
Stała z młodą głową odchyloną do tyłu
and her hand was shading her eyes
a jej ręka zasłaniała oczy
she was watching the flight of a bird in the sky
Obserwowała lot ptaka na niebie
I recognized that she was beautiful
Rozpoznałam, że jest piękna

MONDAY NOON - PONIEDZIAŁEK POŁUDNIE
Is there anything that she is not interested in?
Czy jest coś, co ją nie interesuje?
if there is something, it is not in my list
Jeśli coś jest, nie ma tego na mojej liście
There are animals that I am indifferent to
Są zwierzęta, które są mi obojętne
but it is not so with her
Ale z nią tak nie jest
She has no discrimination
Nie ma dyskryminacji
she takes to all the animals
zabiera wszystkie zwierzęta
she thinks they are all treasures

Myśli, że wszystkie są skarbami
every new animal is welcome
Każde nowe zwierzę jest mile widziane

take the mighty brontosaurus as an example
Weźmy za przykład potężnego brontozaura
she regarded it as an acquisition
Uznała to za przejęcie
I considered it a calamity
Uważałem to za nieszczęście
that is a good sample of the lack of harmony
To dobry przykład braku harmonii
a lack of harmony between our views of things
brak harmonii między naszymi poglądami na rzeczy
She wanted to domesticate it

Chciała go oswoić
I wanted to give it the house and move out
Chciałem oddać mu dom i się wyprowadzić
She believed it could be tamed by kind treatment
Wierzyła, że można go oswoić poprzez życzliwe traktowanie
and she thought it would be a good pet
i pomyślała, że to będzie dobre zwierzę domowe
I tried to convince her otherwise
Próbowałem ją przekonać, że jest inaczej
a pet twenty-one feet high is no thing to have at home
Zwierzę o wysokości dwudziestu jeden stóp nie jest rzeczą do posiadania w domu
even with the best intentions it could sit down on the house
Nawet przy najlepszych intencjach mógł usiąść w domu
it wouldn't have to mean any harm
Nie musiałoby to oznaczać żadnej szkody
but it could still mash the house quite easily
ale nadal mógł dość łatwo zmiażdżyć dom
for anyone could see that it was absent-minded
bo każdy mógł zobaczyć, że jest roztargniony
because it had an emptiness behind its eyes
bo miał pustkę za oczami
Still, her heart was set upon having that monster
Mimo to jej serce było nastawione na posiadanie tego potwora
and she couldn't give it up
i nie mogła z tego zrezygnować
She thought we could start a dairy with it
Pomyślała, że możemy założyć z nim mleczarnię
and she wanted me to help milk it
i chciała, żebym pomógł ją wydoić
but I wouldn't milk it
ale ja bym tego nie wydoił
it was too risky
To było zbyt ryzykowne
The sex wasn't right for milking either
Płeć też nie nadawała się do dojenia

and we didn't have a ladder anyway
A i tak nie mieliśmy drabiny
Then she wanted to ride it
Potem chciała na nim jeździć
she thought she would get a better view of the scenery
Myślała, że będzie miała lepszy widok na scenerię
Thirty or forty feet of its tail was lying on the ground
Trzydzieści czy czterdzieści stóp jego ogona leżało na ziemi
it had all the size of a fallen tree
Był wielkości zwalonego drzewa
and she thought she could climb it
i myślała, że może się na nią wspiąć
but she was mistaken
ale się pomyliła
when she got to the steep place it was too slick
Kiedy dotarła do stromego miejsca, było zbyt ślisko
and she came sliding back down
i zsunęła się z powrotem w dół
she would have hurt herself if it wasn't for me
Zrobiłaby sobie krzywdę, gdyby nie ja

Was she satisfied now? No
Czy teraz była zadowolona? Nie
Nothing ever satisfies her but demonstration
Nic jej nie zadowala poza demonstracją
she didn't keep theories untested for long
Nie trzymała długo teorii niesprawdzonych
It is the right spirit, I concede
Przyznaję, że jest to właściwy duch
it is what attracts me to her
To jest to, co mnie do niej przyciąga
I feel the influence of it
Czuję jego wpływ
if I were with her more I think I would become more adventurous
gdybym był z nią częściej, myślę, że stałbym się bardziej odważny
Well, she had one theory remaining about this colossus
Cóż, pozostała jej jeszcze jedna teoria na temat tego kolosa
she thought that if we could tame it we could stand in the river
Pomyślała, że jeśli uda nam się ją oswoić, możemy stanąć w rzece
if we made him our friend we could use him as a bridge
Gdybyśmy uczynili go naszym przyjacielem, moglibyśmy użyć go jako pomostu
It turned out that he was already plenty tame enough
Okazało się, że był już wystarczająco oswojony
he was tame enough as far as she was concerned
Był wystarczająco oswojony, jeśli o nią chodziło
so she tried her theory, but it failed
Spróbowała więc swojej teorii, ale się nie udało
she got him properly placed in the river
Umieściła go w rzece
and she went ashore to cross over him
i zeszła na brzeg, aby go przeprawić

but he came out and followed her around
On jednak wyszedł i poszedł za nią
like a pet mountain
jak góra dla zwierząt
Like the other animals
Podobnie jak inne zwierzęta
They all do that
Wszyscy to robią

- Eve's Diary -
- Pamiętnik Ewy -

Tuesday, Wednesday, Thursday, and today:
Wtorek, środa, czwartek i dziś:
I didn't see him any of these days
Nie widziałem go w żadnym z tych dni
It is a long time to be alone
To długi czas być samemu
still, it is better to be alone than unwelcome
Mimo to lepiej być samemu niż niemile widzianemu

FRIDAY - PIĄTEK
I HAD to have company
MUSIAŁEM mieć towarzystwo
I was made for having company, I think
Myślę, że zostałem stworzony do towarzystwa
so I made friends with the animals
więc zaprzyjaźniłem się ze zwierzętami
They are just so charming
Są po prostu takie urocze
and they have the kindest disposition
i mają najmilsze usposobienie
and they have the politest ways
i mają najgrzeczniejsze sposoby
they never look sour or let you feel that you are intruding
Nigdy nie wyglądają kwaśno ani nie dają odczuć, że jesteś intruzem
they smile at you and wag their tail
uśmiechają się do ciebie i merdają ogonem
at least, they wag their tale if they've got one
Przynajmniej opowiadają swoją historię, jeśli ją mają
and they are always ready for a romp or an excursion
i zawsze są gotowi na zabawę lub wycieczkę
they're ready for anything you want to propose
Są gotowi na wszystko, co chcesz zaproponować

I think they are perfect gentlemen
Myślę, że to idealni dżentelmeni
All these days we have had such good times
Przez te wszystkie dni przeżyliśmy takie dobre chwile
and it hasn't been lonesome for me, ever
i nigdy nie czułem się samotny

Lonesome? No, I should say not
Samotny? Nie, powinienem powiedzieć, że nie
there's always a swarm of them around
W pobliżu zawsze jest ich rój
sometimes as much as four or five acres
czasami nawet cztery lub pięć akrów
when you stand on a rock you can see them for miles
Kiedy stoisz na skale, możesz je zobaczyć z odległości wielu kilometrów
they are mottled and splashed and gay with color

Są cętkowane, pochlapane i wesołe kolorem
and there's a frisking sheen and sun-flash
i jest miażdżący połysk i błysk słońca
and the landscape is so rippled with stripes
a krajobraz jest tak pofałdowany pasami
you might think it was a lake
Można by pomyśleć, że to jezioro
but you know it isn't a lake at all
Ale wiesz, że to wcale nie jest jezioro
and there are storms of sociable birds
i są burze towarzyskich ptaków
and there are hurricanes of whirring wings
i są huragany szumu skrzydeł
and the sun strikes all that feathery commotion
a słońce uderza w całe to pierzaste zamieszanie
you can see a blazing up of all the colors you can think of
Możesz zobaczyć płonące wszystkie kolory, jakie możesz wymyślić
enough colours to put your eyes out
Wystarczająco dużo kolorów, aby wytrzeszczyć oczy

We have made long excursions
Robiliśmy długie wycieczki
and I have seen a great deal of the world
i widziałem kawał świata
I think I've seen almost all of it
Myślę, że widziałem już prawie wszystko
I must be first traveler
Muszę być pierwszym podróżnikiem
and I am the only traveller
i jestem jedynym podróżnikiem
When we are on the march, it is an imposing sight
Kiedy jesteśmy w marszu, jest to imponujący widok
there's nothing like it anywhere
Nigdzie nie ma czegoś takiego
For comfort I ride a tiger or a leopard
Dla wygody jeżdżę na tygrysie lub lampartach
because they are soft and have round backs that fit me
ponieważ są miękkie i mają okrągłe plecy, które na mnie pasują
and because they are such pretty animals
i dlatego, że są to takie ładne zwierzęta
but for long distance, or for scenery, I ride the elephant
ale na długie dystanse lub dla krajobrazów jeżdżę na słoniu
He hoists me up with his trunk
Podnosi mnie swoim trąbą
but I can get off myself
ale mogę sam zejść
when we are ready to camp he sits
Kiedy jesteśmy gotowi do obozowania, siada
and I slide down off his back
i zsuwam się z jego pleców

The birds and animals are all friendly to each other
Ptaki i zwierzęta są dla siebie przyjazne
and there are no disputes about anything
i nie ma żadnych sporów o nic
They all talk with each other and to me
Wszyscy rozmawiają ze sobą i ze mną
but it must be a foreign language
ale musi to być język obcy
because I cannot make out a word they say
bo nie mogę zrozumieć ani słowa, które mówią
yet they often understand me when I talk back
A jednak często mnie rozumieją, kiedy się odzywam
the dog and the elephant understand me particularly well
Pies i słoń rozumieją mnie szczególnie dobrze

It makes me ashamed
To mnie wstydzi
It shows that they are more intelligent than I am
To pokazuje, że są inteligentniejsi ode mnie
but I want to be the main experiment
ale chcę być głównym eksperymentem
and I intend to be the main experiment
i zamierzam być głównym eksperymentem
I have learned a number of things
Nauczyłem się wielu rzeczy
and I am educated, now
i jestem teraz wykształcony
but I wasn't educated at first
ale na początku nie byłem wykształcony
I was ignorant at first
Na początku byłem ignorantem
At first it used to vex me
Na początku mnie to denerwowało
because I was never smart enough
bo nigdy nie byłem wystarczająco mądry
I wasn't smart enough despite how much I observed
Nie byłem wystarczająco bystry, pomimo tego, jak wiele obserwowałem
I was never around when the water was running uphill
Nigdy nie było mnie w pobliżu, gdy woda płynęła pod górę
but now I do not mind it
ale teraz mi to nie przeszkadza
I have experimented and experimented
Eksperymentowałem i eksperymentowałem
I know it never runs uphill, except in the dark
Wiem, że nigdy nie biegnie pod górę, chyba że po ciemku
I know it does run uphill when it is dark
Wiem, że biegnie pod górę, gdy jest ciemno
because the pool never goes dry
ponieważ basen nigdy nie wysycha
it would dry up if the water didn't come back in the night

Wyschnie, jeśli woda nie wróci w nocy
It is best to prove things by actual experiment
Najlepiej jest udowadniać rzeczy za pomocą rzeczywistego
eksperymentu
if you do an experiment then you KNOW
jeśli robisz eksperyment, to WIESZ
whereas if you depend on guessing you never get educated
podczas gdy jeśli polegasz na zgadywaniu, nigdy się nie
wyedukujesz

thinking about things is not enough either
Myślenie o rzeczach też nie wystarczy
Some things you CAN'T find out
Niektórych rzeczy NIE MOŻESZ się dowiedzieć
but you will never know you can't by guessing and supposing:
Ale nigdy nie dowiesz się, że nie możesz, zgadując i przypuszczając:
no, you have to be patient and go on experimenting
Nie, musisz uzbroić się w cierpliwość i eksperymentować
until you find out that you can't find out
dopóki nie dowiesz się, że nie możesz się dowiedzieć
And it is delightful to have it that way
I to jest cudowne, że tak jest
it makes the world so interesting
To sprawia, że świat jest tak interesujący
If there wasn't anything to find out, it would be dull
Gdyby nie było czego się dowiedzieć, byłoby nudno
Even not finding out is just as interesting
Nawet to, że się nie dowiemy, jest równie interesujące
sometimes not finding out is as interesting as finding out
Czasami niedowiadywanie się jest równie interesujące jak dowiedzenie się
The secret of the water was a treasure until I got it
Tajemnica wody była skarbem, dopóki jej nie zdobyłem
then the excitement all went away
Potem emocje opadły
and I recognized a sense of loss
i rozpoznałem poczucie straty

By experiment I know that wood swims
Z doświadczenia wiem, że drewno pływa
dry leaves, feathers, and other things float too
Unoszą się też suche liście, pióra i inne rzeczy
so you can know that a rock can swim
abyś wiedział, że skała może pływać
because you've collected cumulative evidence
ponieważ zebrałeś skumulowane dowody
but you have to put up with simply knowing it
ale musisz pogodzić się z tym, że po prostu o tym wiesz
because there isn't any way to prove it
bo nie ma sposobu, aby to udowodnić
at least up until now there's no way to prove it

Przynajmniej do tej pory nie ma sposobu, aby to udowodnić
But I shall find a way
Ale znajdę sposób
then that excitement will go
Wtedy ta ekscytacja zniknie
Such things make me sad
Takie rzeczy mnie zasmucają
by and by I will come to know everything
Z czasem dowiem się wszystkiego
and then there won't be any more excitement
a potem nie będzie już żadnych emocji
and I do love excitements so much!
i tak bardzo kocham emocje!
The other night I couldn't sleep
Którejś nocy nie mogłam spać
I was thinking so much about it
Tyle o tym myślałem

At first I couldn't establish what I was made for
Na początku nie mogłam ustalić, do czego jestem stworzona
but now I think I know what I was made for
ale teraz myślę, że wiem, do czego zostałem stworzony
I was made to search out the secrets of this wonderful world
Zostałem stworzony do poszukiwania tajemnic tego wspaniałego świata
and I am made to be happy
i jestem stworzony, by być szczęśliwym
I think the Giver of it all for devising it
Myślę, że Dawca tego wszystkiego za to, że to wymyślił
I think there are still many things to learn
Myślę, że jest jeszcze wiele rzeczy do nauczenia się
and I hope there will always be more to learn
i mam nadzieję, że zawsze będzie więcej do nauczenia się
by not hurrying too fast I think they will last weeks and weeks
nie spiesząc się zbyt szybko, myślę, że wytrzymają tygodnie i tygodnie
I hope I have so much left to discover
Mam nadzieję, że zostało mi jeszcze wiele do odkrycia
When you cast up a feather it sails away on the air
Kiedy wyrzucisz pióro, odpłynie ono w powietrze
and then it goes out of sight
a potem znika z pola widzenia
when you throw up a clod it doesn't act like a feather
Kiedy wyrzucasz grudkę, nie zachowuje się jak piórko
It comes down, every time
Schodzi za każdym razem
I have tried it and tried it
Próbowałem i próbowałem
and it is always this way
I zawsze tak jest
I wonder why it is
Zastanawiam się, dlaczego tak jest
Of course it DOESN'T come down

Oczywiście, że NIE schodzi
but why does it SEEM to come down?
ale dlaczego WYDAJE SIĘ, że schodzi?
I suppose it is an optical illusion
Przypuszczam, że jest to złudzenie optyczne
I mean, one of them is an optical illusion
Chodzi mi o to, że jednym z nich jest złudzenie optyczne
I don't know which one is an optical illusion
Nie wiem, który z nich jest złudzeniem optycznym
It may be the feather, it may be the clod
Może to być pióro, może to być grudka
I can't prove which it is
Nie mogę udowodnić, który to jest
I can only demonstrate that one or the other is a fake
Mogę tylko wykazać, że jedno lub drugie jest fałszywe
and I let you take your choice
i pozwalam ci dokonać wyboru

By watching, I know that the stars are not going to last
Obserwując, wiem, że gwiazdy nie będą trwać wiecznie
I have seen some of the best ones melt
Widziałem, jak topnieją niektóre z najlepszych
and then they ran down the sky
A potem zbiegli w dół nieba
Since one can melt, they can all melt
Skoro jeden może się stopić, to wszystkie mogą się stopić
since they can all melt, they can all melt the same night
Ponieważ wszystkie mogą się stopić, wszystkie mogą stopić się tej samej nocy
That sorrow will come, I know it
Ten smutek nadejdzie, wiem o tym
I mean to sit up every night and look at them
Chodzi mi o to, żeby co wieczór siedzieć i patrzeć na nie
as long as I can keep awake
tak długo, jak mogę nie zasnąć
and I will impress those sparkling fields on my memory
i odcisnę w pamięci te iskrzące się pola
so that I can by my fancy restore those lovely myriads
abym mógł według mojej wyobraźni odtworzyć te cudowne miriady
then I can put them back into the black sky, when they are taken away
wtedy mogę je umieścić z powrotem w czarnym niebie, kiedy zostaną zabrane
and I can make them sparkle again
i mogę sprawić, że znów zabłysną
and I can double them by the blur of my tears
i mogę je podwoić przez rozmycie moich łez

- After the Fall -
- Po upadku -

When I look back, the Garden is a dream to me
Kiedy patrzę wstecz, Ogród jest dla mnie snem
It was beautiful, surpassingly beautiful, enchantingly beautiful
To było piękne, niesłychanie piękne, urzekająco piękne
and now the garden is lost
A teraz ogród jest stracony
and I shall not see it any more
i już go nie zobaczę

The Garden is lost, but I have found him
Ogród zaginął, ale go odnalazłem
and I am content with that
i jestem z tego zadowolony
He loves me as well as he can
Kocha mnie tak mocno, jak tylko potrafi
I love him with all the strength of my passionate nature
Kocham go całą siłą mojej namiętnej natury
and this is proper to my youth and sex, I think
i myślę, że to jest właściwe dla mojej młodości i płci
If I ask myself why I love him, I find I do not know
Jeśli zadaję sobie pytanie, dlaczego go kocham, stwierdzam, że nie wiem
and I do not really care to know
i tak naprawdę nie zależy mi na tym, aby wiedzieć
so I suppose this kind of love is not a product of reasoning
Przypuszczam więc, że ten rodzaj miłości nie jest wytworem rozumowania
this love has nothing to do with statistics
Ta miłość nie ma nic wspólnego ze statystykami
it is different to the way one loves the animals
Różni się to od sposobu, w jaki kocha się zwierzęta
I think that this must be so
Myślę, że tak musi być
I love certain birds because of their song
Kocham niektóre ptaki ze względu na ich śpiew
but I do not love Adam on account of his singing
ale nie kocham Adama z powodu jego śpiewu
No, it is not that
Nie, to nie jest tak, że
the more he sings the more I do not get reconciled to it
im więcej śpiewa, tym bardziej się z tym nie godzę
Yet I ask him to sing
A jednak proszę go, żeby zaśpiewał
because I wish to learn to like everything he is interested in
ponieważ chcę nauczyć się lubić wszystko, co go interesuje

I am sure I can learn
Jestem pewna, że mogę się nauczyć
because at first I could not stand it, but now I can
bo na początku nie mogłem tego znieść, ale teraz mogę
It sours the milk, but it doesn't matter
Kwaśni mleko, ale to nie ma znaczenia
I can get used to that kind of milk
Mogę się przyzwyczaić do takiego mleka

It is not on account of his brightness that I love him
Nie kocham go ze względu na jego jasność
no, it is not that
Nie, to nie jest tak, że
He is not to blame for his brightness
Nie można go winić za swoją jasność
because he did not make it himself
bo sam tego nie zrobił
he is as God made him
jest taki, jakim go stworzył Bóg
and that is sufficient the way he is
I to jest wystarczające w takim jaki jest
There was a wise purpose in it, that I know
Był w tym mądry cel, który wiem
In time the purpose will develop
Z czasem cel się rozwinie
though I think it will not be sudden
choć myślę, że nie będzie to nagłe
and besides, there is no hurry
A poza tym nie ma pośpiechu
he is good enough just as he is
Jest wystarczająco dobry taki, jaki jest
It is not his grace for which I love him
To nie za Jego łaskę go kocham
and I do not love him for his delicate nature
i nie kocham go za jego delikatną naturę
he would not be considerate for love either
Nie liczyłby się też z miłością
No, he is lacking in these regards
Nie, brakuje mu tych rzeczy
but he is well enough just as he is
ale jest wystarczająco zdrowy taki, jaki jest
and he is improving
i poprawia się

It is not on account of his industry that I love him
Nie kocham go ze względu na jego pracowitość
No, it is not that
Nie, to nie jest tak, że
I think he has it in him
Myślę, że ma to w sobie
and I do not know why he conceals it from me
i nie wiem, dlaczego ukrywa to przede mną
It is my only pain
To mój jedyny ból
Otherwise he is frank and open with me, now
Poza tym jest teraz ze mną szczery i otwarty
I am sure he keeps nothing from me but this
Jestem pewna, że nie ukrywa przede mną niczego poza tym

It grieves me that he should have a secret from me
Smuci mnie, że ma przede mną tajemnicę
and sometimes it spoils my sleep thinking of it
i czasami psuje mi sen na samą myśl o tym
but I will put it out of my mind
ale wyrzucę to z głowy
it shall not trouble my happiness
Nie będzie mego szczęścia
my happiness is already almost overflowing
Moje szczęście jest już prawie przepełnione
It is not on account of his education that I love him
Nie kocham go ze względu na jego wykształcenie
No, it is not that
Nie, to nie jest tak, że
He is self-educated
Jest samoukiem
and he does really know a multitude of things
I naprawdę wie mnóstwo rzeczy
It is not on account of his chivalry that I love him
Nie ze względu na jego rycerskość go kocham
No, it is not that
Nie, to nie jest tak, że
He told on me, but I do not blame him
Powiedział na mnie, ale nie winię go
it is a peculiarity of sex, I think
Myślę, że jest to osobliwość seksu
and he did not make his sex
i nie uczynił swojej płci
Of course I would not have told on him
Oczywiście, że bym o nim nie dopowiedziała
I would have perished before telling on him
Zginąłbym, gdybym o nim powiedział
but that is a peculiarity of sex, too
Ale to też jest osobliwość seksu
and I do not take credit for it
i nie przypisuję sobie za to zasług

because I did not make my sex
bo nie zrobiłem swojego seksu
Then why is it that I love him?
Dlaczego więc go kocham?
MERELY BECAUSE HE IS MASCULINE, I think
Myślę, że tylko dlatego, że jest męski

At bottom he is good, and I love him for that
W gruncie rzeczy jest dobry i za to go kocham
but I could love him without him being good
ale mógłbym go kochać, gdyby nie był dobry
If he beat me and abused me I could go on loving him
Gdyby mnie bił i znęcał się nade mną, mogłabym dalej go kochać
I know it is that way
Wiem, że tak jest
It is a matter of my sex, I think
Myślę, że to kwestia mojej płci
He is strong and handsome
Jest silny i przystojny
and I love him for that
i za to go kocham
and I admire him
i podziwiam go
and am proud of him
i jestem z niego dumny
but I could love him without those qualities
ale mógłbym go kochać bez tych przymiotów
If he were plain, I would still love him
Gdyby był prosty, nadal bym go kochała
if he were a wreck, I would still love him
Gdyby był wrakiem, nadal bym go kochała
and I would work for him
i pracowałbym dla niego
and I would slave over him
i byłbym jego niewolnikiem
and I would pray for him
i modliłbym się za niego
and I would watch by his bedside until I died
i czuwałem przy jego łóżku, aż umarłem

Yes, I think I love him merely because he is MINE
Tak, myślę, że kocham go tylko dlatego, że jest MÓJ
and I love him because he is MASCULINE
i kocham go, ponieważ jest MĘSKI
There is no other reason, I suppose
Przypuszczam, że nie ma innego powodu
And so I think it is as I first said
Myślę, że jest tak, jak powiedziałem na początku
this kind of love is not a product of reasoning and statistics
Ten rodzaj miłości nie jest wytworem rozumowania i statystyk
this kind of love just comes by itself
Ten rodzaj miłości po prostu przychodzi sam
No one knows when it will come
Nikt nie wie, kiedy nadejdzie

and love cannot explain itself
a miłość nie może się wytłumaczyć
love doesn't need to explain itself
Miłość nie musi się tłumaczyć
that is what I think, but I am only a girl
tak mi się wydaje, ale jestem tylko dziewczyną
I am the first girl that has examined this matter
Jestem pierwszą dziewczyną, która zbadała tę sprawę
although, out of inexperience, I may not have gotten it right
chociaż z braku doświadczenia mogłem nie zrobić tego dobrze

- Forty Years Later -
- Czterdzieści lat później -

It is my prayer, it is my longing;
To jest moja modlitwa, to jest moja tęsknota;
I pray that we pass from this life together
Modlę się, abyśmy razem odeszli z tego życia
this longing shall never perish from the earth
Ta tęsknota nigdy nie zniknie z ziemi
but it shall have place in the heart of every wife that loves
ale będzie miało miejsce w sercu każdej żony, która kocha
until the end of time
aż do końca świata
and it shall be called by my name; Eve
i będzie nazwany moim imieniem; Ewy

But if one of us must go first, it is my prayer that it shall be I
Ale jeśli ktoś z nas musi iść pierwszy, modlę się, abym to ja
for he is strong, I am weak
bo on jest mocny, ja jestem słaby
I am not as necessary to him as he is to me
Nie jestem mu tak potrzebny, jak on mnie
life without him would not be life
Życie bez Niego nie byłoby życiem
how could I endure it?
jak mógłbym to znieść?
This prayer is also immortal
Ta modlitwa jest również nieśmiertelna
this prayer will not cease from being offered up while my race continues
Ta modlitwa nie przestanie być zanoszona, dopóki trwa Mój bieg
I am the first wife
Jestem pierwszą żoną
and in the last wife I shall be repeated
a w ostatniej żonie powtórzę się

- At Eve's Grave -
- Nad grobem Ewy –

ADAM: "Wheresoever she was, there was Eden"
ADAM: "Gdziekolwiek była, tam był Eden"

www.ingramcontent.com/pod-product-compliance
Lightning Source LLC
Chambersburg PA
CBHW011952090526
44591CB00020B/2734